VALLJA E YJEVE &
YLLI I ZEMRËS

LASGUSH PORADECI

një botim i:
LIBRASHQIP

Tiranë, 2023
ISBN: 9798223156307

KLASIKËT SHQIPTARË

Koleksioni "Klasikët Shqiptarë" synon të mbledh veprat kryesore të shkrimtarëve më të mëdhenj të letërsisë së Rilindjes dhe Pavarësisë në një gamë të vetme.

Letërsia shqiptare e Rilindjes Kombëtare lindi dhe u zhvillua si pjesë e pandarë e lëvizjes politiko-shoqërore e kulturore për çlirimin e vendit nga zgjedha e huaj. Kjo lëvizje, që nis nga mesi i shekullit XIX dhe arrin deri në vitin 1912, quhet Rilindje Kombëtare, prandaj edhe letërsia e kësaj periudhe quhet letërsi e Rilindjes Kombëtare. Kjo është kryesisht një letërsi patriotike me frymë demokratike e popullore. Tema kryesore e saj ishte dashuria për atdheun dhe popullin, evokimi i së kaluarës heroike dhe lufta për çlirimin kombëtar e shoqëror.

Kushtet historike që përcaktuan zhvillimin e saj, ishin kryengritjet e vazhdueshme kundër pushtuesve osmane, lufta për pavarësi dhe për ruajtjen e tërësisë tokësore të vendit nga synimet grabitqare të imperialisteve dhe të qarqeve shoviniste fqinje.

Letërsia e Rilindjes pati një drejtim iluminist e në periudhën e fundit edhe vepra realiste, por në thelbin e vet ajo ishte një letërsi romantike. Në veprat më të, mira të saj u shprehen ideale të larta kombëtare, malli dhe dashuria e zjarrtë për mëmëdheun, krenaria për të kaluarën e lavdishme të popullit shqiptar dhe ëndërra për ta parë Shqipërinë e lirë, të pavarur e të lulëzuar.

Figura më e shquar e kësaj periudhe është padyshim, Naim Frashëri, autor i poemës "Bagëti e Bujqësi,, i "Historisë së Skënderbeut,, dhe i shumë poezive të tjera patriotike, lirike e filozofike. Figura të tjera të shquara janë Jeromim De Rada, A.Z.Cajupi, Gavril Dara i Riu, Ndre Mjeda, Asdreni etj.

Letërsia e Rilindjes shënon një etapë të re në historinë e letërsisë shqiptare. Ajo shënon kalimin nga letërsia me brendi fetare e karakter didaktik, në letersinë e re shqiptare, në letërsinë e mirfilltë artistike, duke hedhur në të njëjtën kohë edhe bazat e gjuhës sonë letrare kombëtare.

Në vështrimin e shndërrimeve letrare kapërcyelli i shekullit të 20 është një kohë veçanërisht e shënueshme. Më 1900 vdes Naim Frashëri. Po në këtë vit Fishta boton shkrimet e para, kurse vetëm një vit më parë lind Lasgush Poradeci, poeti më i madh modern shqiptar.

Me mbarimin e shek. XIX përmbyllet letërsia e Naimit dhe një periudhë e letërsisë shqiptare. Këtu është një prerje ndërmjet letërsisë së Naimit (romantike) dhe letërsisë që nis me brezin e 1900-shit, ku hyjnë Konica, Fishta, Çajupi, Asdreni, Noli e M. Frashëri me një letërsi joromantike. Të parën e karakterizon ideja kombëtare, kurse të dytën ideja shoqërore apo ideja njerëzore. Kjo e dyta është periudha e letërsisë së pavarësisë që do të zotërojë ngadalë katër dhjetëvjeçarët e parë të shekullit XX.

Në vështrimin kulturor-historik e në vështrimin strukturor, letërsia e pavarësisë nis në fund të shekullit të kaluar me Konicën, kur shfaqet një model shkrimi kritik, i ndryshëm nga shkrimi i mëhershëm himnizues, dhe zhvillohet me poezinë e Lasgush Poradecit që kërkon forma të reja, gjuhë të re poetike dhe efektin estetik të letërsisë, që ndërton në thellësinë e vet identitetin e botës shpirtërore shqiptare.

Letërsia e Pavarësisë shqiptare është një periudhë letrare që vjen pas periudhës së Rilindjes që kurorëzohet me letërsinë e Naim Frashërit. Kjo periudhë letrare shkallë-shkallë ngre dallimet me letërsinë pararendëse dhe forcon karakteristikat e veta ideore e strukturore.

Përurues dhe nismëtar i kësaj periudhe është Faik Konica me Albaninë e tij (1897-1909), ku boton autorët e 1900-ës, madje dhe komenton këtë letërsi të re në revistën e tij. Kështu, Konica bëhet edhe teoriku e kritiku i parë dhe i pakontestueshëm i kësaj letërsie. Në një artikull të vitit 1906, "Kohëtore e letrave shqipe", si dhe në interpretimet e veprave të Çajupit, Asdrenit, Nolit e Gurakuqit, Konica vëren se letërsia e re lirohet nga zotërimi i ideologjisë kombëtare të romantizmit. Kjo letërsi artikulon dallimin ndërmjet veprimit atdhetar dhe krijimit letrar estetik. Prandaj Letërsia e Pavarësisë, që në nismë, shqipton kërkesën e krijimit të letërsisë si vlerë më vete, pa marrë parasysh qëllimin. Në anën tjetër, edhe qëllimi fillon të pretendohet që të arrijë nëpërmjet frymës kritike e jo frymës himnizuese, si dhe brendapërbrenda shoqërisë shqiptare dhe shpirtit të kombit.

Kjo letërsi pati disa trajta. Ajo u shfaq si trashëgimi e simbolizmit (Asdreni, Lasgushi), si realizëm me frymë kritike (Çajupi, Noli), në trajtë neoklasiciste (Fishta, Mjeda, Haxhiademi) apo në trajta të papara të modernizmit në prozë (Koliqi, Migjeni, Kuteli).

Ky libër do të sjell poezitë e plota të Lasgush Poradecit (Llazar Gushos). Lasgushi është autor i dy vëllimeve me poezi "Vallja e yjeve" botuar në vitin 1933 dhe "Ylli i zemrës" në vitin 1937, Këto dy përmbledhje poetike i ka botuar në Bukuresht të Rumanisë. Vëllimin e parë e ka botuar me ndihmën e mërgatës shqiptare në Konstancë; ndërsa vëllimin e dytë i botuar me ndihmën e Mitrush Kutelit. Përmbledhja e dytë poetike përmban edhe vargje të përpunuara nga vëllimi i parë me poezitë me vargënimin e melodinë më të hollë në gjuhën shqipe.

Përpos dy vëllimeve, Poradeci botoi tregime në prozë ndër të përkohshmet e viteve '30-'40. Veçanërisht tek "Përpjekja shqiptare" e redaktorit Branko Merxhani. Shkrime prej tij janë shfaqur edhe në të përkohshmet Drita dhe Nëntori, të cilat të bluara siç qenë nga censorët e kohës ishin hapësira më të volitshme për serën e shqipëruesve. Në dallim nga poetët e Rilindjes, që megjithë origjinalitetin e tyre kishin tipare të përbashkëta, poetët e shquar të periudhës së Pavarësisë Noli, Fishta, Poradeci, Migjeni, janë krejtësisht të ndryshëm nga njëri-tjetri si nga formimi, nga prirja e tyre, ashtu edhe nga interesat e synimet.

Në veprën e këtij romantiku të fundit të letërsisë sonë jetoi shqetësimi atdhetar i mbrojtjes së kombit dhe të traditës së Rilindjes, ashtu sikurse edhe dëshira për triumfin e pikëpamjeve demokratike, shqetësimi për një emancipim të përgjithshëm kulturor e shpirtëror të shoqërisë shqiptare. Ai është nga lirikët tanë më të mëdhenj, i cili u shqua për sensibilitetin dhe ëmbëlsinë poetike me të cilën i këndoi Shqipërisë dhe dashurisë.

Përmbajtja

PËR VEPRËN

Poeti i dashurisë lindi dhe u vargëzua në qytetin e Pogradecit. Në tre elementë që përbëjnë kollonat e jetës, ajri, ujin, zjarrin. Ashtu si Zarathustra u ngjiz në kulturën e lindjes me zjarr, dhe si grekët e lashtë donin Homerin për vargjet, ai ashtu u thurr ndërmjet dashurisë së ujit, mendimeve të zjarrta dhe mëngjeseve plot aromë flladi liqenor. Liqeni i Pogradecit me qetësinë e tij të fton për një Lasgush që të ofrojë pak mjaltësi me vargjet e veta. Ai nuk iu nda liqenit në mendime dhe në rrethana kur donte të futesh në vetevete dhe të meditonte për të bukurën.

Liqeni i Pogradecit të ofron si me magji gjithçka që nuk plotëson kultura e qytetit të Pogradecit me njerëzit e saj me edukatë dhe të urtë. Liqeni të ofron, si përfitime, ashtu dhe qetësi, bukuri dhe shumë vargje që notojnë nën vjershat e të madhit Lasgush Poradeci me qetësinë e tij. Uji të plazmon romantik në personalitet, do vëmendje dhe inteligjencë ta dëgjosh oshëtimin e tij ndër dallgë, zjarri të bën energjik dhe pasionant, ajri të bën dinamik nën ritmin e veçantë të rimës së Lasgushit për njerun, natyrën, kombin.

Ai është romantiku i fundit i Shqipërisë, dhe më i vuajturi që mbajti mbi supe gjithë kumtet e gjithë rilindasve, kohën e ligë që donte ta poshtëronte, sistemin politik që e kishte nga pas supeve, intrigat që i stiseshin nëpër këmbë kudo dhe qenin e tij të dashur që e donte, aq shumë, sa fëmijët e vet. Kjo ndikoi edhe në psikologjinë e fëmjëve të tij dhe ai e dinte fare mirë këtë.

VALLJA E YJEVE

Zog i qiejve

Këng' e lasht' e vjershërisë më pëlqeu aq fare pak…
Do t'j-a marr që sot e tutje si bilbil parëverak,
Që nga fund' i vetëvetes do këndoj një mall të ri:

Brenda tufës së junapit që mbleroj me kaq stoli,
Kur po shoh ndaj ryn bilbili e sakaq ze qan nër fletë,
Këng' e ti më ngjan kulluar posi këng' e Zotit-Vetë.
E prandaj, dyke filluar, ay Lart i shpije kryet
Dh' i ngreh sipër -e-më-sipër gjer sa qafa ment i thyet.
Asohere-e ndjej si dridhet më një zë pa shëmbëllim,
Asohere-e ndjej si foli: Të jam falë, — o Zoti im!
E pastaj i ulet gusha më-përposh-e-më-përposh,
I venitet me-nga-dale syri-i qarë-e bukurosh.
Ay sheh që nëpër fletë me vështrimin e çuditur
Ndaj çkëlqen ner mija gjyra Vënd' i ti ku pati sbritur,
E pra ja q'i mbylli sytë, e që gojëzën e hapi:
Tungjatjeta! tungjatjeta! Vënd o Vënd ku çel junapi!

Haj! bilbil, se Vëndi jonë ka liqere-e anë detesh,
Nëpër bimëzat e tyre po vërrej si qan e tretesh;
Po dëgjoj prej largësive, si nër male-e si nër fusha,
Si nër kopshte jargavanësh dhembshurisht të fryet gusha;
E çdo lis që mban të gjelbër, e çdo pemë-e çdo rakitë,
E çdo bar i lulëzuar ças-pas-ças t'i ndjen çuditë…
Ti këndon, o zog i pastër, ti këndon, këndon përherë,
Pa pushim të del nga zemra vaj' e tingullit të mjerë;
Ti vajton me zë të fshehur, se një zjarr kupton në gji:
Dheut! ah dheut të përtëritur sot i falesh përsëri!

E si rron në gji të dherit dit-për-ditë-a nat-për-natë,
Gjir' i dherit ku rreh jeta të fal breng e përgjërate:

Se prej mallit që të thyen përmes pamjeve të tija,
Mun në fund të zemrës s'ate ritet fshehur dashurija.
E si ritet prej së fellash, më një ças fillon të nisë
Kënga jote-e papandehur q' është fjal' e dashurisë.
Ajo ngrihet… ngrihet… ngrihet… dhemshurisht e dyke qarë,
Pastaj sbret e parpalitet si një fluturëz e vrarë.
E kështu ti qan pa rreshtur bukuritë-e dashuritë,
Prej qëpallës së përlotur të pikon një pik' e ngritë.

Asohere kënga jote shuhet dyke psherëtitur;
Ti fillon t'a rrahish mëndjen, e buçet me shpirt të mitur:
Se ç'gëzim përjetësije! E se ç'mall! E ç'dëshirime
Të pat falur dashurija në të qarët e një grime!
Prej dëshirës së zhuritur q' i dhe këngëvet, o zog,
Rrodhi vesa mëngjezore përmi lule borsilog…
Përmi lule ku rreh djelli ndrin me zjarr si pikë loti,
Zjarr i fërgëllon e ngrihet gjer ne djelli, gjer ne Zoti…
Ti e sheh… dh' aq fort të tundet fund' i zembërës së gjore,
Aqe fshehur të thëthijnë lartësirat qiellore,
Sa, t'u ngritur me vetijen më-përpjetë-e-më-përpjetë,
Si mendim me hov të letë valon qiejve ti vetë:
Ha! ç' të zotërovi Drita! Ç' të përshkoj një Gas i ri!
Seç të ndjell një Frymë-e largë tej nëpër paanësi!…
Nër paanësi të ndrijnë yjt' e ndezur varg-e-varg:
Ti me mall të paqetuar fluturon larg-e-më-larg…

. . . .

— Që nga bota njerëzore, ku këndoj me shpirtin plot,
Prit-e, prit! se po t'afrohet Zog' i Qiejvet, o Zot!
Fal-i Këngëtor-finoshit Gas të Thjeshtë mun në gji:
Posi lot në reze djelli ndrit-e në Përjetësi!

Shpirtit

Të lus, o Lajmës i qielluar!
O Frym' e Zotit, vetë Zot!
Me hirin t'ënd të pashteruar
Që ka mburim përjetësije,
Hirplot, o Shpirt, nër gaze Ti-je.
Dhe nër mjerime je hirplot!

Ti botës s'onë-i prure lajmin
E nj'ëndërimi të pafaj:
Për mallin t'ënd më të pastajmin
Ti kuvendon që përmbi botë,
Dhe në gëzim i bije lotë,
I bije gas në zi të saj.

Kur del mi male yll'i ditës
e shuhet nata prapa ti,
Ti me vështrimin vetëtitës
Çkëlqen në fund të zemrës s'ime
Dh'i bën prej këngës së një grime
Një të përjetshme- harmoni.

E kur pat humbur jet' e dherit,
Kur syr' i lodhur m'u përgjum,
Në shkëndijim të kandilerit

M'i çfaq ylberin e një rruaze…-
Fatlum, o Shpirt, ti je nër gaze,

Dhe nër mjerime je fatlum!
Sot hapa sytë që-me-natë
E po këndoj si kurrëkush:

drejt lartësisë së pamatë
Ah. Mëshiro të ngjitë- i çmuar
Prej gjirit t'im të përvëluar
Fjalim'i mallit t'im mjerush.

Ri mbështetur në tryezë...

Ri mbështetur në tryezë
Ndaj më shpesh e ndaj më rrallë,
Pa vjen malli të më ndezë
Zjarr në zemër, zjarr në ballë.

Asohere dyke pritur
I marr tëmbëlat nër duar
E qëndroj krye-venitur
Me vështrim në kraharuar.

Sbret një yll prej lartësije,
Një të ndritur shkrepëtime —
Pasi flakë e posi hije
Ajo ryn në zemër t'ime.

E kuptoj me shpirt të sosur
Si kullon dale-nga-dale,
E si fjalës së palosur
M'i hap kindën e një pale...

Unë qit një psherëtitje,
Thyem pak e zë të shkruaj,
Dhe më shkon më një pulitje
Kur një dit' e kur një muaj.

Mëndjen t'ime-e merr dëshira,
Ndjej në gjit një këngë gjaku,
M'i fal syrit plot çudira
Këjo odë varfanjaku:

Këjo oda s'ka mënyrë
Ku të kryet, ku të nisë
Ndaj më ndrin si në pasqyrë
Drita e Përjetësisë.

Po çudi tani më fal-ti,
Zjarr, që djeg në shkrepëtimët!
Dyke ngjitur për së nalti
Fërfëllon një flakë-a himët…

Me kullim të pashteruar
Ajo del prej vetes s'ime,
Del nga shpirt' i përvëluar
Nër një mijë shkëndijime.

E si shkoj që prej së felii,
Ç'm'u verbosnë-o! syt'e mija?
U nxi dheu?… U shua qjelli?…
U bë natë gjithësija?…

S'është gjë: veç yll'i vetë,
Më s'më djeg në kraharuar:
Unë shoh me gas të qetë
Këngëzën e përvëluar.

Kënga pleqërishte

O këngë pleqërishte! Ti vjersh' e vëndit t'em!
Ti fjalë që më dhimbsesh e që më bën ujem!
Tashi jam dëshëruar së largu të më vish:
Dëgjoju, as dëgjoju! moj këngë pleqërish!

… Në hije të kasolles që nxin atje mi mal,
J-a nis me zë të shtruar… j-a mer me dal-nga-dal…
J-a thua më të dhembshur… j-a thua më të qarë…
J-a dreth e përvëluar… j-a zjen… e j-a heq zvarë…–

Pastaj fillon të ngrihesh, e nis e j-a thërret:
Dh'aq letë-e ngreh së poshti… áq fort e shpje përpjet…
Aq dyke mërmëruar me zë të parpalitur
Rënkimi-i zemrës s'ate ronitet më të ngjitur…

Sa… që nga lartësira ku vate fluturoj…
Me sulm e ulërimë këputet si përroj
E rrjeth për tatëpjetë prej kulmit qielluar
Si breshër i thërmuar… si lot i përvëluar…

Pastaj të shuhet zëri… e rrihesh… edhe vdes:
Mjerimi-i vetëvetes të thjevi mes-për-mes:
Së felli-e pa mëshirë të thjevi dhembja jote,
Dëshir' e varfëruar e këngës magjiplote!

O këngë pleqërishte! O vjersh' e vëndit t'em!
O fjalë që më dhimbsesh, e që më bën ujem!
O mall! O psherëtimë! O vajë! O lot i zi!
O shpirt i përvëluar që qan nër syt' e mi!

Si ngrihet që nga deti një valë-e dëshëruar:
Nga fund' i zemrës s'ate ti ngrihesh dyke vuar;
E prapë posi vala, që bje së-rish në det:
Ti bje në fellësirën e zemërës së vet.

Poradeci

Perëndim i vagëlluar mi Liqerin pa kufir
Po përhapet dal-nga-dale një pluhúrë si një hije.
Nëpër Mal e nër Lëndina shkrumb' i natës që po bije,
Duke sbritur që nga qjelli përmi fshat po bëhet fir…

E kudó krahin' e gjërë më s'po qit as pipëlim:
Në katund kërcet një portë…në Liqer heshtë një lopatë…
Një shqiponjë-e arratisur fluturon në Mal-të-Thatë…
Futet zemra djaloshare mun në fund të shpirtit t'im.

Tërë fisi, tërë jeta, ra… u dergj… e zuri gjumi…
Zotëroj më katër anë errësira…
Po tashi:
Dyke nisur udhëtimin mes-për-mes nër Shqipëri,
Drini plak e i përrallshëm po mburon prej Shëndaumi…

Naimit

Ku psherëtin dëshir' e djegur,
Në shesh të kuq të Qerbelasë
Mes trimërish stërgjyshërishte
Të shoh ndaj po m'i bje xhurasë.

E ma të lum, ma të përmallshmë
Të sjell në dritën e mejtimit
Ndaj fërfëllon si yll me flakë
Prej shkretëtirës së harimit.

Qëndroj në tmerr zili' e botës
Se më s'u lodhe dyke ndritur,
Se më s'të treti prush' i vojtjes
Në krahërorin e zhuritur.

Po ti me vrap të piraustit,
Që fluturon në zjarr e flakë,
Therorësin' e vetëvetes
E pate dhembjen më të pakë...

O! sikur këng' e zemrës s'ate,
Që ligjëroj aq më të kotë,
Që veç me fjalë dhemshurije
U pat dëgjuar përmi botë.

Në gji të çdo mëmëdhetari
Të mund t'a përtëritte mallë
Dhe një të tërë varg dëshirash
Q'i thurri mëndja jote-e rrallë,-

Me ç'zë të pastër lavdurimi
Do kish bekuar varfëritë!
Vaj' e një çasi-e këngës s'ate
Përjetësisht do dil në dritë!

Po t'u pat thënë short'e verbër
Të përvëlohesh nër padije:
Me mijë reze shkrepëtimi
Mezi të ndritish po një fije...

Dh' aher' i dehur prej durimit
Në mall të math të këngës s'ate,
Kaq zilitar këpute zemrën
Ç'ma të paçmuarshmë ti pate.

Dh' u ngrite për në të vërtetën
Me fluturim të artit mjeshtër:
U drodh altari jonë-i lashtë
Sapo t'a ndjeu të shentën eshtër...

Se ngashërim' e vjershës s'ate
Ish malli i fellë-e pa të ngjarë,
Posi një krua pastërsije
Këndimi yt nër ne pat rarë;

U pat tërhedhur shpirt' i kombit
N' atë vajtim aq të lënduar
Q' e thurri gjuha jote-e-zjartë,
Dhe balli yt i frymëzuar;

Se bukuritë e-vetes s'onë
Mendimi yt desh të na falë,
O! Fjal' e pikave qiriri,
E pika lotëvet, o Fjalë!

Q' ahere dyke shpënë sytë
Nga Toskëri' e Gegërija,
Shpesh e ma shpesh patm' ëndëruar
Si ndrin me famë Shqipërija.

Mes ligësish armiqërishte
Stolismë lulen e vullnetit,
Sbuluam gur margaritari
Prej fundit thëthimtar të detit.

E m'i çkëlqyer sesa djelli,
M' i lum se kohët që më s'janë
Filloj për ne ndryshim' i motit
Më një të pritme të pa anë:

Ti! Fjalëtor i mallëngjyer!
Ti! këng' e ritur ndaj selvisë!
Ti o rapsod i lasht' i kombit,
Ti pate pjesë urgjin' e zisë!

A! po n' u trete prej mendimesh
Me tëmbla t' ulura nër duar:
Në ç'qjell të larg pat gjetur prehje
Kjo zemra jote-e përvëluar?

Nga fluturoj bilbil-finoshi
Q'e fryri era posi fletë?
Ku vanë pendët e pëllumbit
Q'e shtiu në dhet mërgim' i shkretë?

....
....
....

Sikur të shoh, i tmershmë Frashër,
Ndaj po mban zi përgjithëmonë,
Ti: ma besniku trashëgonjës
I dashuris' së vëndit t'onë!

Marshi i djalërisë

Urdhëroj i Madhi Zot:
Zu ndrin yll' i Shqipërisë;
Ndrin e më s'përmbahet dot,
Se që sot e jetë-plot
Po rreh zemr' e Djalërisë.

Djalëri, lart për liri!
Lart për Zonjën Shqipëtare!
Yll në ballë-e zjarr në gji,
Zjarr në gji për Shqipëri,
Digj-u! zemra djaloshare!

Qjell me shkaba shqipëtar!
Male mbushur me dragona!
Këto fusha derdhur n' ar,
Deti plot margaritar -
Këto janë viset t'ona!

Këtu leu që në fillim
Trim' i dheut si zog i shkruar;
Leu dh' u la për trashëgim
-Me nderim e me qëndrim -
Besa jon' e shentëruar.

Ha! dh' e bukura liri
Këtu mbretëroj përjetë:
Mbretëroj: e plot mëri,
Bëri në rezik të zi
Prej kujtdo një trim me fletë.

Lithni besën për Atdhe,
Ju me gjak të Kastriotit!
Lithni-e shpejt e bëni be:
Be që vret posi rrufe
Para Kombit - para Zotit!

Djalëri, heu! yll i ri!
Djalëri, këng' e vërtetë!
Për liri, për lumturi,
Rrofsh! e lira Djalëri!
Rrofsh e qofsh përgjithëjetë!

E fundit mërzitje

Na mbajte rop gjith nënë thumb,
Na prure vdekjen gjith me plumb,
E kur nuk ra - yn' at u mvarr;
E varrit-vet i vure zjarr,
Dh'e bëre shkrumb.

Në çdo lëndinë-e një therror
E nj'eshtër në çdo vënd botor;
Dhe çdo kujtim e vjershëri
Qan e thërret prej dheut të zi
Një trim që ra për nder të ti
Drejt mun n'obor.

Armik! po shpejt u pregatit
Të shkosh ngaj ardhe më me nxit;
Se n'u vonofsh gjer më në fund:
Kushtrimi-u dha! Shqiptar-u tund!
Flamuri-u ngrit mi çdo katund!
Atdheu u ndrit!

Pa vjen sulmon dragoj shqiptar
Si lajm i Zotit çpërblimtar
E bën urgjì për Shqipëri
E dridhet tok' e det - e ti:
Ti qen i botës kobë-zi,
Ti gjakatar:

Hy! qen e gjak që shëmbëllen,
Ti lyp mëshirën që s'të vlen:
Po nuk t'a fal dragoj ty sot:
Tmerrisht godet me shpirtin plot!

Të shtyp si djall plot helm e ndot!
Të flak si qen!

... Ku bes'e rënd' urdhron për-ças,
Ku burr' i dheut sulmon me gas,
Ku Zot' i Math dërmon me shkak -
Jo! s'rron Shqiptari varfanjak -
Liri - a përgjithmonë gjak
Do rrjedhi pàs!

Mëngjes

Si shpirt' i zi në kraharuar,
U mbyll liqeri nënë male.
Ndaj fund' i ti e pasqyruar,
Po shuhet nata me – nga – dale.

E shoh ku vdes e ku po vuan,
E syt' e saj dyke pulitur;
E syt' e saj q'u mavijuan,
Jan' yjt' e qjellit të venitur.

Tashi dh' agimi llambaritës
Po svagullon në fund liqeri,
Po tretet tinëz yll' i dritës
Posi një sumbull prej sheqeri.

Pra, ja! Pra, ja! Se dita ndezi,
Se fund' i ujit vetëtiti,
Se posi lajmëtar – mëngjesi,
Del zogu – i bardh' i një nositi…

Korrik

Një afsh i dëndur avullon në erë.
Po përvëlon një djellë posi prushi.
U poq kajsija. Bari ësht' i prerë.
Ri në shullër fatlum një zog ardhushi.

Prej kaq të nxehtë shqerrat janë hekur
Nër drizëri ku pik' e vapës iku:
E çlodhen… dirgjen… flenë… kanë vdekur.
Në këtë zjarr, këtë mbarim Korriku.

Ka rënë heshtja posi frym' e dehur
Mi çdo mblerim e mi çdo gjë të gjalla
Kur ja! se pylli dridhet pa pandehur:
Nër lisa larg, po çinçërron gjinkalla…!

Mbarim vjeshte

Fluturoj dhe shterg` i fundit, madhështor, me shpirt të gjorë
Dyke shkuar që – me – natë sipër malesh me dëborë…
Iku rend`e i përmallshëm, dhe me sqep te ti të fortë
Zotriut q'i la folezën i trokiti mun në portë…

Pra, më s`duket shpes` i fatit prapa bujqësh dhe plorësh,
Prapa brazdës së rëzuar hap – me – hap prej qe malorësh;
Më s`dëgjohet nër ugarë të kërcasë miu i hirtë,
Vdiq nëpërka pikëlore ndaj blatisht e shkretëtirtë.

Dheri – i mardhur prej thellimi dirgjet heshtur nënë brymë,
Fryn veriu në pyll të thatë me zemrim e me fërtymë
E si shtohet cingërima…ja! Se ku dinak dh`i vocërr…
Nëpër gardh – e nëpër ferra dërdëllet gazmor një cocërr!…

O' sa hir që kishte shtegu, aq fisnik me shtat të gjorë
Kur bariste dal-nga-dalë, posi dhëndër me kurorë
E kur pranë i vinte krilla, që shëndrij në kraharuar,
Me sy lart, me hap të matur – posi vash` e nusëruar!..

Dimër

Shpirti im që sot u mbyll
dhe gëzimin m'a përzuri.
nëpër mal e nëpër pyll
zu dëbora prej qëkuri.

bjenë flokët një-nga-një
mi katundin e shkretuar.
dyke mardhur nënë të
dheri fjet e ri mbuluar

flet nga-dal e shpirti im,
dhe në zi pikoj si fleta,
pa më qit as pipëlim
tërë fili, tërë jeta.

në kaq heshtje-e qetësi
ndjej vajtimthin e një shpesi:
psherëtin me zë të ti
jet' e trembur se mos vdesi...

Gjahtori

Sapo nis thëllimi-i parë
Nëpër pyll që marth e mpijet,
Prej së lartrash brymarake
Ze-e përhap dëbora fijet…

Unë ri mi shkembe druri
Dhe vështroj dyke menduar
Ndaj po zbardhet dal-nga-dale
Kjo krahinë-e dimëruar.

Ja! kollani më një krabë!
Më një thumb takien ja-e!
Dh' aty pranë-i mvarren palët
Palëshumëshmes silae.

Pa m'a ngjesh fustania belin,
Rryp' i kuç m'a lith opingën:
— Prej ovgjalash, ku ri mykur,
Vasha, ju! m'a sillni stringën!

…E sakaq palcorja-antike
Lyen pushkëzënë e vjetër,
I mbush vëzmezëja grykën
Për një ljepur, për një ketër;

E sa ngjitur pyjtë-e shkretë
Çfaqet heshtur vesh-llapushi,
Del përtej maçok' i egër
Dal-nga-dal nër driza bushi;

Me vështrim të shkrepëtimtë
Alurin mi shkëmb çakalli —
Un' e shoh dhe përnjëherësh
Mund si prush më ndizet balli;

Po nga dal… se çquhen këmbë
Pranë tumbave malore:
Gjah i madh ka lënë gjyrmën
Në mëngjes mi shtrat dëborë.

— E bekuar qofsh! ti flakë!
Tym, o ti! më paç urimin! —
…Ha! prej zjarrit që zu vërzat…
Bish' e trembur zu mendimin…

E njaty, që prapa krastës,
Unë ri dhe pres në rrasë:
Pres që krism' e trimëruar
Të buçasë-e të godasë:

Dhe të shtrihet grykë shpellë
E paçmuarëshmja kunëz…
Dhe t'a marr i lumtëruar
Dhe t'a fut për nënë gunëz…

Dhe pastaj, me shpirt të çelur,
T' j-a them këngës nër shkorreta:
T' a bëj zmrën valë-valë…
Dhe fustanen reta-reta…

Malli i vjershëtorit

Foli nëna me vajtim,
Foli djali-i dëshëruar.
— Ç'bëre, bir, n'atë mërgim?
— Shojta zjarr' e shpirtit t'im,
Që m'u ndes në kraharuar.

— Bir, po malli si s'të zu?
Foli nëna dyke qarë.
Ç'më le korbën si kërcu!
Ku më fluturove, ku?
Bubu! shtatë vjet pa parë!

— Fluturova zall më zall
Posi zog me yll në ballë,
Këngëtor me zë që çmall:
Popo! ylli ç'ishte mall!
Ç'ishte malli yt i gjallë!

Trioleta

I

Pik' e lotëve të mija
Vetëtin si gur i rrallë.
Shkrep me zjarr posi shkëndija
Pik' e lotëve të mija.

Bukurija, bukurija
Më pat puthur mun në ballë:
Pik' e lotëve të mija
Vetëtin si gur i rrallë.

II

Si m'u ndrit çdo mall që pata!
Miq, o! kim'a-ni zilinë!...
Ardhi dita: iku nata -
Si m'u ndrit çdo mall që pata!

Varg-e-varg me përgjërata
Para sysh më venë-e-vinë...
Si m'u ndrit çdo mall që pata!
Miq, o kim'-ani zilinë.

III

Këto kopshte ku fryn era
Muar gjyrën e floririt...
Se ç'm'i shkel baluke-prera
Këto kopshte ku fryn era:

Parëvera! parëvera!
Po më çel në mes të gjirit -
Këto kopshte ku fryn era
Muar gjyrën e floririt.

Kroj i fshatit t'onë

I.

Kroj i fshatit t'onë, ujë i kulluar,
Ç'na mburon nga mali dyke mërmëruar.

Venë mbushin ujë vashat an-e-mbanë,
Cipëzën me hoja lidhur më-nj'-anë;

Cipëzën e bardhë, cipëzën e kuqe,
Gushën si zëmbak, buzët si burbuqe.

E si mbushin ujë, bubu! ç'm'ju ka hije
Ndaj këthenen prap me hap nusërije:
Ndezur yll' i ballit si yll shentërije.

II.

Kroj i fshatit t'onë, gjyrë-'rgjëndi i lyer
Që nga rrez e malit ç'na buron rrëmbyer

Venë pijnë ujë trimat an'-e-mbanë
Takijen me lule përmi sy më-nj'-anë.

Takijen e dlirë, takijen e nxirë,
Buzën më të qeshur… më të psherëtirë…

Mbrëmave kur uji mërmëron nga-dalë,
Vjen t'i thotë trimi vashës nj'a dy fjalë:

Vashëzënë bujare që po vij më krua
Seç e përshëndeta, seç m'u turpërua
Papo ula kryet e shkova si grua.

III.

Kroj i fshatit t'onë, tetë sylynjarë,
Në tetë krahina qënke kroj i parë;

Qënke një në botë, s'paskërke të dytë,
Ç'na shëroke plagët, ç'na shëroke sytë. –

Kroj i fshatit t'onë, n'atë mal me fletë
Derdhet aq i egër, derdhet aq i qetë

Posi mall' i zemrës mun në gji të shkretë:
Derdhet aq i egër, derdhet aq i qetë,

Posi mall' i vashës, që djeg më të fshetë,
Posi mall' i trimit, që buçet përpjetë,
Obobo! si malli, që nuk vdes përjetë.

Syt' e lumtur

Ishe vogeloshe…isha mituri…
Kur më dole mbudhe, ti moj lumja ti!

Vinte perëndimi me të vagëlluar
Pa m'i shtire tinës ata syt' e shkruar.

Ata syt' e shkruar, sytë moj të fjetur,
Shtatë vjet me-radhë t'i kam përshëndetur.

Kur më pe së pari, more-e m'u largove,
Kur më pe së dyti, more-e m'u afrove,
Kur më pe së treti, more-e më pushtove,
Të putha në gushë, ti m'u turpërove,
Papo ule kryet e shkove vajtove.

Syt' e varfëruar

Ishe vash' e rëndë… isha trim i ri…
Kur më dole mbudhë, ti moj mjera ti!

Mjera seç' mu prishe, vashëza moj vashë,
Ndaj më pe sëfshehta me ata sy gjumashë.

Të bij përmi kraha cip' e nusërisë,
Brenda mun në zemër bubu! Cip' e zisë.

Bubu! Shtatë jeta s'të kam për të gjetur
Pa zë më qan syri, si ves' e patretur

Si ves' e patretur që kullon farmaqet,
Lot' i përvëluar do m'i lagë faqet.

Do m'i lagë faqet, do t'i fshi me duar
Do kujtoj me dhembje kohën e kaluar
Mjer! As un' i mjerri, ç'pata dashuruar
Mall' i zemrës s'ime: këngë-e-vaj-bashkuar
Këngë-e pakënduar: vaj-i-pavajtuar
Posi shpuz' e zjarrit nënë gji mbuluar

Baladë

I

Fryn veriu në Mal të Thatë,
Thotë vasha lele ngriva.
Duro, vashë, të durojmë
Si duron mali dëborën.
Në të shtënça, moj, në dorë,
Do të ngroh si top dëborë.

II

Fryn një erë-e shkundërmuar,
Thotë vasha çeli molla.
Çeli, vashë, le të çelë,
Si çel malli mun në zemër.
Në ma dhënç, moj, bel' e hollë,
Do ta thyej si mënjollë,
Do të shtrydh posi një mollë.

III

Vjen e bën një vap' e rëndë,
Thotë vasha bubu plasa.
Duro, vashë, të durojmë,
Si duron kallir' i pjekur.
Në më ardhç, o moj, në hije,
Do t'i puth për dhemshurie,
Do t'i skuq t'i ndez qirie,
Do t'i nxi t'i bëj mavie,
Ato buzë gjak-qershie.

IV

Zun' e shkojnë dellëndyshet,
Thotë vasha po venitem.

Venitu, vashë, venitu,
Siç venitet zemra ime.
Në të marça, moj, përherë,
Do të shtroj të parën herë,
Do të ngroh të dytën herë
Do të puth të tretën herë
Buzë e gushë e gjinë e mjerë
Dh'atë shtatin që mban erë
Posi luleja në verë
Gjersa gjumi të m'të zerë,
Të m'të zerë-e të m'të flerë
Syr' i urtë si mëshqerrë.

V

Vate dimri, vate vera,
Vate vjeshta përngahera.

Trim, më more-edhe më shtrove,
Trim, më ngrove-e më pushtove,
Trim, më puthe-e më mbarove,
Trim, o trim, seç trimërove!

VI

Atje lart në Mal' të Thatë,
Zoti-Krisht bëke një kishë.
N'atë kishë ç'paske brënda:
Qenke trimi edhe vasha:
Trimi, ç'paske dhëndëruar,
Vasha ç'paske nusëruar,
Zotin ç'paskan lavdëruar,
Jetën ç'paskan trashëguar,
Shpirtin ç'paskan shentëruar.

Mbretërija jonë

I

Kjo fjala jote, ti moj ti!
Mban erë lule-karafili;
Pikon si sumbull ëngjërvi
Kjo fjala jote, ti moj ti!

Un ' e dëgiova-e mun në gji
M' u duk se po këndon bilbili —
Kjo fjala jote, ti moj ti,
Mban erë lule-karafili.

II

Bilbili që këndon më nge,
Këndoj një këngë zilitari:
Tha se m' u skuqe kur më pe…
Bilbili që këndon më nge:

E se me turp e sy-përdhe
Të pata folur për së pari... —
Bilbili që këndon më nge,
Këndoj një këngë zilitari.

III

Popo! Ky malli ç'u bë det!
Ti more mik! Ti moj mikeshë!
Me dy-tri ditë-e dy-tre net
Popo! Ky malli ç' u bë det:

Ç'filloj një mbretëri një mbret...,
Një mbretëri një mbretëreshë...
Popo, ky malli ç'u bë det,
Ti more mik, ti moj mikeshë.

Vallja e luleve

Vijnë vashat valle-valle,
gushë-e-gji-stolisura,
Një pëllumb, një sy sorkadhe
Seç vjen më e mbodhisura.

Ç'm'i ka hije shtat' i hedhur,
Hije kraharuari,
pa fillon me zë të dredhur
motra së kënduari:

Ju që niseni për lule,
Shoqe, moj, të mijëza,
merrmëni as edhe mua
ndër pyje korijëza;

Pritni, moj, të vij dhe unë
maleve, lëdinave
ndaj shkëlqen pa të përdhunë
filli i trëndelinave.

Në mos diça të bëj tufë,
shoqem ju dëgjomëni:
bëni moj, një tog me lule
dhe ndër to mbulomëni.

Në ju pyeçin për mua:
Ç'u bë flokbanusheja?
Thoni, se në një përrua
e zu gjarpërueshja.

Thoni se ndaj një burimi
më te patë fluturën:
thoni se ç'e zuri trimi
atë belkëputurën.

Ah! Me atë mall që më ke ti

Ah, me-atë mall që më ke ti,
Moj zemërzën m'a more:
Gëzon e qan në fshehtësi,
Ah, me-atë mall që më ke ti.

Një fshehtësi plot llaftari –
Plot ëmbëlsi vrerore.
Ah, me-atë mall që më ke ti,
Moj zemërzën m'a more.

Ku shtrohet vala…

Ku shtrohet vala përmi zall
E fryn një këng' e pakuptuar,
Të pashë, motër, plot me mall,
më pe me shpirt të llaftaruar.

Q'aherë silleshim me nge
Gjith vet-i dytë, vet'e dytë…
Dh'i shtinja sytë gjith përdhe-
Gjithë përdhe m'i shtinje sytë…

Po me t'u ndarë vet e vet,
Më s'kishim turp që s'kishte fjalë…
Na ritej malli posi det,
Posi një det që vjen me valë:

E prapë silleshim me nge
Gjith vet' i dytë, vet e dytë
E prapë sytë gjith përdhe,
Gjithë përdhe pikonin sytë.

Q'aherë qamë plot me mall
Atë vështrimin e kaluar,
Ku shtrohet vala përmi zall
E fryn një këng' e pakuptuar.

Se kish kuptim që s'kish kuptim,
Kuptim'i fellë-i mallit t'onë;
Se malli jon'ish zotërim,
Që robëron përgjithëmonë;

Se s'dashuronja-as un' as ti,
Po dashuronte dashurija:
Një dashuri – një fshehtësi
M'e fshehur sesa fshehtësija.

Syt' e tu vetëtimtarët

Syt'e tu, vetëtimtarët, i mbulon pluhur i zi.
Syt'e tu vetëtimtarët ndezin yj mi vala detesh.
Me vështrim të perënduar, kaq hirplotë ti më mbetesh
Si t'i fshesh qipall'e rëndë të paçmuarat stoli.

Kur i pash'oh! Në nat'helmi, hën'e largë-ish derdhur n'ar.
Kur i pashë në nat'helmi, ar i derdhur m'u bëj zija:
M'u bë gas ndaj fërfëllonte vgjeri-i shenjt' hijen e tija:
Mi shtrat fletë sapo shtruar…na shij qjelli zilitar…

Syt'e tu- enigm' e kohës; syt' e tu-çudi pa çmim;
Syt'e tu- çkëlqim gazmuar i skëterrës dhemshurishte.
Kish durim yll' i zhuritur, yll me zjarr durimi kishte,
Që krijoj kaq dritë djelli, që mbaroj kaq dëshërim.

Syt'e tu vetëtimtarët, sillen qark gjerakorisht.
Syt'e tu vetëtimtarët ëndërojne-aq të qetuar.
Ndaj shtron hijen vgjeri-i shentë kur i putha-i llaftaruar,
Syt'e tu vetëtimtarët buzëqeshnë dhemshurisht

Një yll përjetësije

Të pashë për së pari në zi të jetës s'ime,
Nga vënd' i lumtëruar ti vinje me-nga-dal.
T'a kishte ndritur udhën një valë shkrepëtime,
Një fërfëllim i hënës që ngrihej përmi mal.

Kush m'i pat hequr çapet ndaj çapeve të tua?
O, cili më drejtovi nër kaqë lumtëri?
Se ja!… Si prej çudije, gjith jeta m'u ndërua:
M'u vesh dëshir' e vdekur ha! me një gas të ri!

Vjen mall' i ëndëruar… e shkon… — edhe ti vashë
Ri më lëngon së tejmi… nuk dukesh kurrëkund…
Të ndjej si nëpër mjegull me syt' e tu gjumashë,
Me sytë që më dhimshen në zemër mun në fund.

E bukurinë, -o motër që nuku kish të ngjarë,
Po ta mbulon harrimi që sot e paskëtaj;
Nga pik' e largësirës të shoh me shpirt të vrarë
Haj! shpirt i varfëruar vetëm në zi dhe vaj!

Si qesh një foshnjë-e vogël me lodërzat e veta:
I çik, i puth, i luan, i rrëkëllen me gas,
Dh' ajo q'i dhemb më tepër dh' e çduki tatëpjeta,
Me sy të zembëruar nj' asaj i sulet pas, —

Kështu stolitë-e jetës m' i pat dhuruar fati:
Stolinë më të dhembshur m' a shpuri më përtej;
Më vate motr' e ëmbël me gjithë mall që pati.
E s'kam të keqtë-e shpirtit ah! kujt të j-a rrëfej.

Kush tha se ngazëllimi s'më pati falur pjesë?
O, cili kuvëndovi se mbeta varfanjak ?
Nga-dal! Nga thelbi i dherit zu malli të thërresë!…
Një pamj' e lumtëruar po duket pak-nga-pak:

Ajo fillon së largu në këtë ças të von,
Sa vete-e ngjan se ritet… sa vete-e përparon…
Sa vete-e shoh më afër… e vin… e gjithë vin…
Çkëlqehet posi rezja që ndrin e vetëtin…

E ja!… Se përnjëherësh m'u errë-o! Syt' e mija
Më një verbim magjije prej mijërash shkëndija!…
Sesà një flak' e pastër që po më djek në gji!
Sesà m' u mbush kjo zemra plot këng' e ëmbëlsi!

Sesà nër pah shkëndijash, sesà nër valë drite
M'u veshe, sot, o motër, e ndrite-e vetëtite!
Kjo ditë lumtërije që nuku ka të ngjarë,
Si hir i perëndishmë në shpirt më pati rarë,

M'u çduknë pikëllimet e vanë sërë-sërë…
Lëkundet nër të fella e dridhet bot' e tërë;
Një yll përjetësie u ndes në shpirtin t' im!…
— Ju botë! që lëvrijni nër qiej pa pushim!

Përse nuk shuhi fare! Po diqni aqë pak!
Përse nuku ndaloni haj! Rrutullimin t'uaj!
Të shihnit prej së lartrash, me syrin zemërak,
Në ç' dritë lumtërije çkëlqen ky dhè i huaj!…

M'i nxetë sesa zemra, që djek si flak' e qetë,
M i ndritur se mendimi që shkrep si vetëtim,
E sesa çdo dëshirë m'i ndritur e m'i nxetë
Ësht' yll' i dashurisë q'u ndes në shpirtin t'im.

Eja motër

I

Kur vjen të múgëtit e qetë
Që nëpër pyj e nëpër male,
Në shpirtin t'im pushon çdo jetë
E bije nata me-nga-dale.

Ahere çduket yll' i ditës
T'u dredhur héshtazi në natë,
Dh'e mbyll vështrimin vetëditës
Prej hapësirës së pamatë.

Sesi m'a nxin, o! Dashurinë. —
… Po dita shuet, dita ndezet,
E gjith më dëndur venë-e vinë
E perëndimet e mëngjeset…

Më dridhet shpirti posi fleta
E buzëqesh sa vjen më rallë,
E jet'e vet q'e rroj vërteta
Më shëmbëllen me një përrallë.

Në këtë ças të perënduar,
Ku po më dirgjen syt' e qarë,
Mos u zembro se pata vuar
E të thërrita me llahtarë.

Mos bëj të keq se për së pari
Më pati bindur dashurija
Të bëjë sumbulla prej ari,
Prej pika lotëve të mija:

Ndaj vëndi-i zi, ku mbeçë-i huaj,
As eja motër, si ngahera!
As afëro-m'u të të çquaj
Nër mijë vashëza të tjera!…

Sepse tashi jam dëshëruar
Që të më çfaqesh ndaj nat'herë:
Mi syt'e mi q'u patnë shuar
Magjin'e syvet ti m'a shtjerë;

Më kuvëndo me zë të tretur
Gjith më së paku-e më së paku,
M'a çik qipallëzën e fjetur
Me gishtrinj si prej zambaku

Edhe kështu qëndró përjetë
Larg njerëzisë-e pranë meje:
Të të pushtoj me shpirt të nxetë,
Posi me flakë prej rrufeje. —

II

… Ndaj do m'i falish syt'e tua,
qipallë-dëndur-tatëpjetë.
Do më vërresh posi pallua
Drejt mun në zemërzën e shkretë.

Dh'ahere soje do buçasë
Prej dhembshurish një yll së brëndi,
E pamj'e lumtur do më ngjasë
Sikur t'a shihnja përnjëmëndi;

E pamj'e jetës së vërtetë
Do të më ngjasë-e ëndëruar,
Kur të më çikish hije-letë,

Me gishtërinj të llaftaruar.

Ah! Motër ti! Se gjith më fshijesh
Nga çasi-i ditës kujtim-mirë:
Dhe ja!… posi nër dritë-hijesh
Më vjen e shkon në mugëtirë.

Më çdukesh ditën e më dukesh
Pa të pandehur nat'-për-natë:
Fytyr'e thurrur prej balukesh
Më buzëqesh me përgjëratë.

Dh'as për kudó s'të çfaqet hija,
As për së fundi-as për së pari —
Veç kur-e-kur nga syt'e mija
Lëshoj dy sumbulla prej ari:

Dh'ahere ndjej se më je qasur
E dhembshurisht më puth në ballë,
E mall' i zemërës së plasur
Më psherëtin sa vjen më rallë.

Edhe stolitë-e dashuritë
Më sillen varg nër pikëllime,
Pa del në qjell një yll me dritë
Prej shpirtit t'im, o motra ime.

Mbretërija e zemrës

Kur hapet perëndimi pas maleve përposh,
Ti vjen, o motr' e ëmbël, në shpirt të më qëndrosh;
Ti zbret vetëtimtare, e fellë-edhe më fellë;
Në fund të zemrës s'ime fundet posi një djellë;

Fundet posi një djellë që vdes në perëndim.
Dh' ahere prej skëterrës ku-i humbe shpirtit t' im,
Ku dyke perënduar më le me gisht në ballë…
Nga-dal e magjiplote, ti shkrep si yll i gjallë.

Sesà një natë-e errët po mbretëron tashi!
Sesà po dirgjet bota me një pushim të zi!
Sesà me reze t' arta, sesà me lumtërime
Ti po çkëlqen, o motër, në fund të zemrës s'ime!

Vdekja jonë

I

Pa shijmë, shijmëzë detar
Mi lundër venetiku!
Zu po dremit vetëtimtar
Ndajnatë-Adriatiku.
Dhe po të pres me shpirt të vet
Të vemi dal-nga-dale
Ku-i jep mëshirë-i tmershmi det
Së pamëshirshmes vale…

II

Ërgjënd' i hënës vajzëror
U ndes me gur të shtrentë,
Po ndrin kaq heshtur e paqtor
Nër funde uj'i shentë.
E përmi detin që pushon
Del Vashëza dhe Trimi…—
Dh'ashtu filluam më të von
Një këngë dëshërimi.

III

Zu po ngre valë-i tmershmi det,
Qëndresa-i humb shkëndijat…
Pa shij-i motër, syt' e vet
Si ngjajnë me të mijat!…
Që sot, ti botë do mbash zi
Një Mall që vdes përjetë:
Tërheq dy veta uj' i zi
Dh' i tret posi një vetë…

Ri me shëndet

Që sot, një vënd i huaj më ka thërritur pas:
Vënite, motër, buzën, e mos e bëj më gas.
Nga bot' e lumtërisë vështro nër syt' e mi
Me shpirt të zembëruar e plot me dhëmshuri.

O, pse kaq ëndr' e bukur më s'lumtërovi dot!
Përse m'a njom qipallën kjo valle pikash lot!
Tani shënden' e fundit kam dashur të t'a fal-
Posi një perëndeshë afro-m'u dal-nga-dal,

Me flokë përmi supe, me robe gjer përdhe,
Do të pushtoj nër krahë me një magji të re,
T'a dish sesa 'sht'i valë ky mall që po më tret,
Sesa m'u pate dhemshur t'a dish me të vërtet.

As eja! eja! eja! në zjarr te gjirit t'im!
Vrapo si fill rrufeje!ckëlqe si vetëtim!
M'a ndrit me një të parë fytyrën që m'u mvrejt:
Më shih me sy pëllumbi në zemër drejt-per-drejt.

Te rite-e zemrës s'ime , greminë pa kufi:
Si do t'i mbushnje anët vec ti, ah! vetëm ti:
Sesi do të më ritej, nër kohë paskëtaj,
Një yll përjetësije drejt që nga fund' i saj!...-

Që sot mjerim' i vjetër në shpirt m'u përtëri,
Po m'a zembron të pritmen një fat shumë m'i zi,
Dhe ah! e desha veten prej teje t'a kem plot!
Kjo dashurija jonë do ndriti me të kot?

Vrapo me hap të letë e mos u ndal aspak,
T'a nisim dyke pshuar mërgimin zemërak,
Të qajmë shoqi shoqin së bashku që të dy,
Të puthemi në flakë, në ball' edhe në sy:

Sa dhëmb mërgim' i largë që do na lerë pas
Më pranë njëritjatrit të dehemi në gas...
E sa të jemi dehur në gas e lumtëri,
Më hidhur të na dhëmbi largimi jon i zi...

Sepse ky malli jonë më s'pati shëmbëllim,
Se na 'shte vaj një kengë, dhe kënga nj'ëndërim,
Pa cmallje, pa të sosur, pa nojmë kurrëkund,
Sic ish , sic do te jetë - një dashuri pa fund.''

Të ritë e viteve të mi

Të ritë e viteve të mi,
M'a fryri fati zall më zall:
Sesi çkëlqenjë në stoli
Kur më pat zën' i pari mall!

Të ndrinin flokët posi ar
T'u derdhur supës tatëpjet,
E të vështronja zilitar
Në sy të fellë posi det.

E shtat' i shkundur -hije-plot
Aq bukuri pa shëmbëllim:
Aq dhembshuri ky mall i kot,
O pëllumbesh' e shpirtit t'im!-

Të ritë e viteve të mi
Ma fryri fati zall më zall
Ti perëndove në stoli
Sa më pat zën' i pari mall.

Që sot i ëndravetë varg
M'u mbyll në gji si nënë varr
Dh'u nisa për në vend të larg
T'u djegur pas si yll me zjarr.

Po nga mërgimi zemërak
Të pres me mardhje të më vish
Të më rrëfehesh si zëmbak
Nër mijë lule dhembshurish:

Nër mijë shpesë një pellumb
Q'i mbenë shokët aqë pas…
E zin' e jetës do t'a humb,
E buzën do t'a bëj me gas.-

…Tashi ah! Djelli vate-e shkoj
I përvëluar përmi dhe
Nga zemr e tija fluturoj
Një rreze e bukur nëpër re

Nër zemërime ku po qaj
Vjen lajm i ri plot ëmbëlsi,
Pa më mbush n'emërin e saj
Me drit' e me përjetësi.

Kur të më jesh e zemëruar

Ti m'u rrëfeve për sëpari shkrepëtimtare në stoli,
Un' ëndërrova se në zemër po më valon një mall i ri.
O, ç'ka që m'u venit qipalla me kaq të ngjethur të pafaj?
Haj! Shkretëtirë-e-zemrës' s'ime! Dhe haj! E zeza jetë, haj!

Posi një yll i perënduar më pate humbur gjith më larg…
Nga malli yt i thura fjalët gjith sërë-sërë-e-varg-e-varg;
E çdo mendim e pata tretur vetëm n'ërgjënd e në flori,
O, vashë-e lotit të zhuritur që vetëtin nër syt' e mi.-

Prej largësisë së pa anë kalon durimi mot-me-mot…
Pas kaqe kohë dhemshurije,ndaj vëndi-i lum as eja sot!
Në gjirin t'ënd të llaftaruar m'a lerë mëndjen t'a humbas,
Të ndjej si zemra më gatohet plot me dëshir' e plot me gas.

Ti buzëqesh-më-zilitare, e më çkëlqe si vetëtim,
E më vështro me sy pëllumbi drejt mu në fund të shpirtit tim
Se gazi i kthjellt i lumtërisë, që çel si lulja në mëmgjes
Si lule-e pastër do më mbijë në krahruar mun në mes:

Kur të më jesh e zemëruar, më shpirt të vrarë-e varfnjak,
N'e mbajç në zemër zembëratën, prej helmit t'ënd s'do heq aspak;
S'do psherëti n'e lënç të vdesë, a në m'a thënç, në mos m'a thënç:
Mjafton një mvrejtje-e buzës s'ate, që të më bësh të prishem menç.

Malli

Syri-i bukur që t'u mvrenjt –
Syri yt që më lëndon
Do më lerë-a von a shpejt,
Do më lerë-a shpejt a von.

Sapo shpirti m'u dëlir –
Shpirti im i nxirë krejt –
Do më lerë me pahir
Syri-i bukur që t'u mvrenjt.

E do mbetem përnjëmend
Varfanjak si mbret pa fron:
Mbretëresha që më çmend
Do më lerë-a shpejt a von.

Do më lerë-a von a shpejt,
Do më lerë-a shpejt a von,
Syri i bukur që t'u mvrenjt –
Syri yt që më lëndon.

Do më lerë…Ah! Po si –
Qoftë-aherë-ose tani –
Do të qaj aq dashuri
Që të humb me mall te ti?

Që larg

Hidhur del nga shpirt' i zi
Breng që s'ka të ngjarë.
Dridhet mun në fund të ti
Zemërëz' e vrarë;

Dridhet ndaj më s'po duron
Brengun e pahirë —
Këtë mall që fryn e shkon
Nëpër shkretëtirë;

Shkretëtir' e shpirtit t'im,
Sa m'u pate shtuar!
Djeg posi një perëndim
Yll' i përvëluar;

Yll' i çdukur aqë larg —
Këngët që më s'janë —
Po më çfaqën varg-e-varg
Në kalim pa anë;

Dh'i vështroj me dhemshuri
Ndaj venë, ndaj vinë,
Pa dëshira mun në gji
Zjen për dashurinë;

Dashuri! që mbete pas! —
Luleja me erë! —
Pse kalon si yll me gas
Nëpër shpirt të mjerë!

Ah, sesa, më ndrin për-mot
Moti që m'u shua!
Si m'a mbush ah! shpirtin plot
Me stolit' e tua!

Me ç'stoli më perëndon
Drejt në zemër vetë,
Dashuri që vjen e shkon,
Po nuk vdes përjetë!

Drejt në zemër ndaj fundet
Mall' i përvëluar,
Tundet zemëra si det
Dyke uturuar:

Papo del nga shpirt' i zi
Yll që s'ka të ngjarë
Ndritet në përjetësi
Zembërëz' e vrarë

Vallja e yjeve

Yjtë-e ndezur si fingjill,
Që vërtiten palë-palë,
Prej mosgjëje zunë fill
Plot me jetë-e mall të valë.

Zunë fill me dashuri
Që kur bota zu të ngjizet,
Pa sikush për shok të ti
Përvëlohet edhe ndizet.

Ndizet ças edhe për ças,
E si kurrë s'ka të shuar,
Pa pushim i vete pas
Me një sulm të llaftaruar.

E si kurrë nuku mund
Ylli yllin që ta kap
Rrotull qiejve pa fund
Venë-e-vinë-e-venë prapë…

Do të venë fluturim
Kudo janë e kudo s'janë
Nëpër qjell që s'ka mbarim
As fillim, as fund, as anë.

Kur mi të, kur nënë të,
Kur me hire-e kur pa hire,
Do përçajnë gjithënjë
Hapësirë…shkretëtire…

Ata ikin varg-e-varg
Me një etje të pashuar:
Sesà fellë-e sesà larg
Shoq me shoq u pat larguar!…

Kùsh j-u fali-aq dëshërim,
Dh'aqë zjarr e aqë flakë,
Dh'i gatoj me aq durim
Yjtë-e lum e varfanjakë?

Se do një, si për çudi,
Ku prej syresh rreh të ftohet,
Shoq i vet, nga mall'i ti,
Më me zjarr zë përvëlohet…

Dh'i vjen qark për me vërtik
E me dhembje me të nxehtë
E si ik…si gjithë ik…
E pushton me zjarr të vetë:

Sa më pak e shmbëllen:
Aq më shumë-e ndjek dëshira…
Pa nga malli që s'e gjen,
Dridhet gjithë hapësira.

…Kur po ja! Se që përtej
Ndriten erërat nga pakë
Yll-i çdukur nëpër qiej
Vetëtiu e mori flakë:

J-a pat shtënë me një ças,
Mun në mes në kraharuar,
Shoq' i vet q'i sillej pàs
Me një sulm të llaftaruar;

Q'e kish flakën mun në gji,
Q'e zhuritte dashurija,
që çkëlqente me zili
Rrotull rrezeve të tija.

Yll i mjerë e yll i lum!
Yll i lum e yll i mjerë!
Sapo drita t'u përgjum,
Sheh një shoq nëpër skëterë;

Ay vin… e gjith vin…,
Gjith më pranë…-e gjith më pranë…-
Sesà ndrin e vetëtin!…
Sesà ndjen një gas pa anë!…

Sesa ndritesh përsëri!
Sesì ndizesh përsëpari!
Sesì djek me dashuri
Posi yll margaritari!…

Dashuri! Heu! Mall i ri!
Dashuri! Këng' e durimit!
Ti liri! Ti robëri!
Ti valim i shkrepëtimit!

Yjtë-e ndezur aqë larg.
Lozin vallen e dëshirës
Dyke ndritur varg-e-varg
Nëpër terr të errësirës.

Vallja e përjetësisë

Lëndë-e thjeshtë, lënd' ujem,
Pata qënë, do të jem.
Rëndë-e fellë-edhe përjetë,
Jam çudi si kursesi…

Marr të rëndët që përdhè.
Marr të fellët nënë dhè.
Po që Lart prej Qënies vetë
Marr e jap përjetësi.

Gjeniu i anijes

Vështroni si shket sipër valash
E tundet anija me nge? –
…Me krismë-e me prush prej stërkalash
Mi të shkrepëtiu një rrufe!…

Ti det, brohori fshehtësire!
Kuptim i potershëm, ti det!
…Po heshtje: ndaj valës së nxirë
Gjeniu i anijes po flet:

Prej zallit që sot po largohem,
Fillova mërgimin e ri;
Hepohem…anohem…humbohem…
Po sulmin s`e ndal kurrsesi.

Dh`aspak nuk më tremb zhurmëria,
Ndaj turret me hov e vërtik
Mi ballë-e mi korje të mia
Ndërsimi-i tallazit armik.

Përpara kur shoh gjeratore,
Dh`ato më gremisin në fund-
Mi kulmin e valës malore
Un` heq të shpëtoj sa më mund.

E morti fatkeq në më ciku,
N`u desh tmerrësisht të fundas-
Aspak nuk më thyen rreziku,
Po nis e përmbysem me gas:

Se prapa lë vazhdën e ndritur-
Q`e hapa me shpirtin fatos:
Fistonin gazmor ku pat shkitur
Valim-i anijes q`u sos.

Valim-i anijes së letë
Qetohet, ndalohet, mbaron
Njeriu i anijes përjetë
Hepohet…anohet…valon…

Lundra dhe flamuri

Që larg po vi... që larg.
Më turren valët varg-e-varg,
Un'ik dh'hepohem mund si harg...

E sipër tyre shkas,
Valoj me sulmë-e gas,
I le tallazet pàs:

...Kur val'e egër ze më tund,
E s'mund të mpruhem asgjekund
Prej gjeratoreve pa fund,-

Dënimi im s'më tremb aspak!
Dënimi im nis e m'i lak
Fringjitë-e shpirtit varfanjak:

E si më mbyt i tmerrshmi det.
Pushon ah!Zemra që buçet,
Mbaron ah!Zjarri që më tret.

E s'duket gjë kur humb,
Veç plùhurës si shkrumb
Lart mi katárt si thumb:

Flamur' i pastër qe m'u nxi
Në sulm te lumtur për liri,
Qëndron gazmor në lartësi!...

Tashi katarti-u çduk në det
Tashi flamuri-u ngrit përpjet,
Valon lirisht si shpirt i let.

Vdekja e nositit

Me zjarr ju flas… me zjarr
Në gjirin tim kam hapur varr…
Që t'i jap shpresë- edhe t'ja marr…

Un' ik liqerit zemërak
Fatlum dh'i pastër si zëmbak
Po zemra ime kullon gjak:

Se vijnë- urtuar zogjtë-e mi,
Dh'u jap ushqim me dashuri-
Një dashuri për llaftari:

Pa nis ah! Gjirin ta godas…
Dh'e hap ah! Gjirin për një ças…
Dh'i nginj ah! Zogjtë- e vdes me gas!…

Aherë – helmohet e buçet
Pas mallit tim liqer-i shkret,
E rrit tallazin posi det.

Ay e tund, ay e shkund,
Ay e hap sa me të mund,
Gjer mu në gjit, gjer mu në fund.

E shpirtin dyke ma përcjellë
Më thotë ah! Shih sesa 'sht'i fellë…
Ky gjir'i em që të pat pjellë…

Me zjarr ju flas…
Me zjarr…

Ku qajnë motrat vëllanë
(vaje në kadencë popullore)

Vajtò, moj botë,
Vajtò me ne:
Se ra zëmbaku,
U shtri përdhe.

Ti lul' e bukur,
Ah! Ti zëmbak,
Na mbushe shpirtin
Plot helm e gjak.

Ti re sëmurë,
O trim i ri,
E gjë në jetë
S'të pru dobi:

Më çdo lëndinë,
Më çdo ugar,
Si bleta mjaltin
Kërkuam bar;

Po ty e liga
S'të pat shërim,
O rusp i bukur,
O djalë trim.

Në varr të fellë,
Në varr të zi,
T'u shojt ah! jeta
Posi qiri.

Të qajnë motrat,
Të qan vëllaj,
E fshat' i tërë
Të qan me vaj.

Të vdiq jot-ëmë:
T'u ngjall yt-at:
Prej dhembjes s'ate
Ah! Shpirt i ngrat.

Kur nuk ndjehesh fare mirë

Kur nuk ndjehesh fare mirë
(Sepse shpirtin e ke plot),
Ze këndon në vetësirë
Pa të derdhen pika lot.

Pika lot, si pika dylli,
Që të derdhen aqe shpesh,
Kush qepallat nuk i mbylli…
Nuku mund t'i marë vesh.

Kujt s'j-u dha t'i rrahi mentë,
Në shtëpi kush nuk u mbyll,
Më një hov kur shpirt'i shentë
Ndrin e digjet posi yll —

Nuku mund t'a dijë fare
As që do të ndjejë sot
Ç'pruri kënga mendimtare
Me çdo varg prej pikash lot:

Kush të tall me verb të kotë,
Nuku mund t'i ndjejë gjiri
Ç'drit' e bardhë djeg në botë
Me çdo pikë prej qiriri.

YLLI I ZEMRËS

Ylli

Del nga zemëra një yll
Nuku di nga vjen i shkreti:
Sikur djeg përdhe mi pyll,
Sikur shkon për-së-përpjeti

Sikur digjet përsëri
Mun në fund në kraharuar
Sikur sbret nga qjell' i ri,
Yll i jetës së pashuar.

Yll e mall që shëmbëllen
Drejt prej zemrës së qetë,
Vjen e ndrin e shkon nga vjen:
Rrëzë qjelli, rrëzë jete.

Gjumi i shpirtit

Fli shpirt edhe fli. Zemërore
Po dirgjet dhe nata nga-dale.
Gjumash ti shëkó nëpër ëndër
Pulitjen e yjve mi male –
Enigmën e yjve mi male.

Fli, fli. I harruar harrimi,
Fli rëndë-edhe fellë-edhe rrallë.
Nër funde liqeresh paqtore
Vëré ndaj po ndez kaq përrallë –
E dhemshur e yjve përrallë.

Ti fli… dhe në dó që të sgjohesh,
T'a dish si djeg yll' i vërtetë,
Kaptó nëpër qjejt' e përflakur
Dh'u ndis u zhurit e ti vetë –
Si yll të zhuritesh ti vetë.

Gjuha e zjarrtë

O gjuhë-e shentëruar, o mall me shpirtin plot.
O vetëtim' e qjellit që fërfëllon me flakë,
O djellë-i llaftaruar që ndrin si pikë lot…
Si pikë lot e ndritur po ndrij në reze t'uaj,
Po ndrij e papandehur po qaj pak e nga pakë
Sepse prej botës s'uaj kam mbetur kaq i huaj…

Kam mbetur kaq i huaj, dh'i ndrydhur edh' i shkret!
Prej ligjëratës s'ate që më çudit, o zjarr!
Me gjuhëra prej flake ti djeg… ti flet… ti pret…
Dhe vi! do të vi pranë mjerush e dyke vuar,
E flakën vraparake nër kraha do t'a marr,
Posi kuvënd të shkruar do të t'a çik me duar.

O këng' e shentëruar, o verb i larë n'ar.
O zjarr që më përflakesh si yll vetëtimtar
O fshehtësir' e ndezur në fill prej shkrepëtime

Kur të këngoj me gojë, kur të kuptoj në kartë,
Posi një kraharuar ti dhemb, o Gjuhë-e zjartë,
Posi kullim' i gjakut që rreh në zemër t'ime.

Ti ndrin në thelb të jetës si dritë-e përvëluar,
O gjuhë-e zemrës s'ime, o mos-e-kuvënduar.

Dremit liqeri

Mi zall të pyllit vjeshtarak,
Dremit liqeri pa kufi,
Ay ndaj fundesh u përflak
Posi me zjarr e me flori.

Posi me flakë-u ndes e kroj,
E vetëtiti plot magji,
E yll-i ditës perëndoj
Në qetësi dhe dashuri.

Tashi po shuhet nënë mal
Qytet i ngrysur në të zi.
Po ndizen yjtë dal-nga-dal
Plot bukuri! Plot fshehtësi!

Në këtë çast perëndimor,
Ndaj po më dehen sytë-e mi,
Kuptoj si shpirtin vjershëtor
M'a frymëzon një mall i ri.

Zemra e liqerit

Dirgjet shpesh liqeri-i kaltër
E pushon në mes të ditës,
Sipër ti buçet prej fundesh
Pasqyrim' i ti shëndritës.

Val' e urtë-i shtrohet anës
Dal-nga-dal e fashe-fashe,
Që prej zallit të përbujshëm
Nisen lundrat levorashe.

Po atje ku nisen lundrat,
Sipër valave paqtore,
Me rrëmbim të zemëruar
Uji hap një gjeratore:

Hap me gjëmë llaftarije
Plagë-e hon në kraharuar
Ndaj largohen sërë-sërë
Që prej zallit të shkretuar.

Dritë fshehtesije

O greminë! O fusha pllajash! O shke mbënj! O brigje t'artë!
O ju giej shkretëtirash tej-për-tej aq të këqyrshmë!
Ti përflakje mëngjezore! Harg ylberi-i shtatëngjyrshme!
Botë yjsh! O botë hënash! Botë djejsh me gji të zjartë!

Bienë fellë mënt' e mija dhe çuditen dyke pyetur:
Në lëvisni-a në përdridhi, në valoni-a në kendoni,
Në me sulmë të vërtikshme mëndurisht ju fluturoni,
E prej sysh më bjenë lotë posi helm e plumb i tretur.

Po të mos të kisha njohur në mjerim të jetës Tinë,
Bukuri! Tmerisht e dashur, llaftari! Tmerisht e bukur;
Po të mos të kisha parë- ah, stoli ndaj më je dukur
Dritë-e-fshehtë e zemrës sime që më fal përjetësinë!

Si do mund t'i dlirnja vallë kupëtimit t'im të ngushtë
Grop' e shesh e krast' e male, pasqyrim nër vala detesh,
Dritën që buçet sëfshehta përmes ditësh edhe netesh,
Dh' ata yj që më shëkoinë posi mijë sy të prushtë?

Bjenë telat

Bjenë telat venë-e vinë,
    Po na tundin Shqipërinë,
    Toskërinë, Gegërinë,
    Më çdo vënd, më çdo krahinë:
    Që në Shkodër në Janinë,
    Që në Vlorë-e në Prishtinë:
    Opopo! ç'fitoj lirinë!
    Opopo! ç'u ngrit rremeti!
    Seç u tund si valë deti:
    Po si det që vjen me valë,
    Po vjen rëndë-e me-nga-dalë
    E po ndjek Smail Qemalë:
    Smail-burri-i shpje në Vlorë
    Me flamur të kuq në dorë,
    Me flamurin e lirisë,
    Mun në thelb të Shqipërisë!
    Shqipëri! moj Shqipëri!
    Hidh-e larg atë shami
    Që të treti në të zi,
    Në vajtim e robëri!
    Se që sot e paskëtaj
    Më s'ke breng e më s'ke vaj!
    Se që sot e kësaj dite
    Ti m'u ndrite-e vetëtite
    Posi yll me reze dritë!
    Se që sot e që tash!
    Po të ndrin një yll i ri
    Mun në zemr' e mun në gji!
    Pa ke nder e madhëri!
    Ke gëzim e lumtëri!
    Ke flamur të-kuq-të-zi!

Ke liri! liri! liri!
Rrofsh! e lira Shqipëri! —
Rroftë! tha Smail Qemali
Me zembrim, si zërë mali;
Rroftë! j-u përgjiq rremeti,
Pa u tund si valë deti;
Rroftë! fusha ushëtiu,
Rroftë! pylli uturiu,
Rroftë-e deti j-a buçiti!
Rroftë-e pushka j-a kërciti!
E sakaq një vall' e madhe
U përhap n'ato luadhe:
Ishte vall' e dashurisë,
Në luadhet e lirisë,
Mun në thelb të Shqipërisë!
Dh'atëhere... nënë mal...
Nisi kënga me-nga-dal...;
Nisi këng' e shentëruar,
E j-a mori më të shtruar...;
E j-a drodhi më të qarë...
E j-a zjeu... j-a hoqi zvarë...; —
E pastaj si më s'u ndje,
Zu të ngrihet që përdhe
Gjith më nge... e gjith më nge...;
Pasi shkoj e zë më s'kishte
E pastaj filloj të ritet...
E të ngjitet... e të ngjitet...
Më me sulm... e më me jetë...
Më përpjetë... e më përpjetë...
Dh'aq dëshirë-e aqe gas,
Aqe mall lëshovi pas,
Aq me zë të parpalitur
Pat kënduar dyke ngjitur,
Sa... që lart ku fluturoj,

Heshti pak edhe rënkoj
Dh'u këput posi përroj...
Pa prej kuilmit qielluar
Ra përposh me t'ulëruar,
Posi breshër i thërmuar...
Posi lot i përvëluar...
E si ta në qetësi,
Si shkoj kënga per liri,
Ajo kënga pleqërishte:
Asnjë zë më s'dolli fare
Përmi tokën shqipëtare,
Përmi tokën e qetuar
Si një zemr' e ngushëlluar...
Dh'atëhere — o! çudi:
Ç'far u ndje në Shqipëri?
Qjelli! qjelli! ç'ushëtoj!
Bot' e tërë ç'e dëgjoj!
Zot' i math seç kuvendoj!
Q'atje lart ku ndizen retë
Kuvëndoj me zë të vetë
Zot' i math e i vërtetë:
"Rrofsh! moj Shqipëri përjetë!"

Ç'u mbush mali

Shqipëri! moj nëna ime,
Më ke rritur me thërrime!
Shqipëri! të qofsha falë,
Të kam nënë e më ke djalë

Ç'u mbush mali me dëborë,
Ç'u mbush deti me pamporë,
Seç u mbush e shkreta Vlorë
Plot me krushq e me dasmorë,
S'janë Toskë e Malësorë
Me flamur të kuq në dorë
Si dhëndurë me kurorë.
Ç'u zbardhë malet, ç'u zbardhë:
Nga çdo anë seç na ardhë
Shqipëtarët gunë-bardhë,

Seç na ardhë palë-palë
Duke rutulluar male
Kush më këmb'e kush më kalë
Kush më shpejt, kush më ngadalë;
Kush i lum e kush i gjorë
Kanë zbritur mun në Vlorë,
Mun në Vlorën e lirisë,
N'atë thelb të Shqipërisë.

Dita e njëzetetetës

Ardhi dit' e shentëruar,
Dita e njëzetetetës
Me flamur të kuq në duar.
Iku dyke fluturuar
Nat' e zisë-edh'e së metës
Ardhi dit' e shentëruar
Shqipëtarët e gëzuar
Ndjejnë zërin e trumbetës
Dyk' ushtuar e gjymuar.
Pa në Vlorën e dëgjuar
Mblidhen posi sgjoj i bletës
Shqipëtarët e gëzuar.
Do t'i falem pa pushuar
Ditës së njëzetetetës,
Kësaj ditës së shënuar.
Se kështu pat urdhëruar
Goj' e artë-e Zotit-vetës:
Do t'i falem pa pushuar

Asdrenit

Burr i urtë e i veçuar,
Shqipëtar me shpirt të qruar,
Vjershëtor, vjersh-kënduar:

Pate shkruar e punuar.
Kombin për ta kombësuar.
Shqipen për t'a shqipëzuar.

Erë trëndeline

Sesi m'ju lëndon dashurija!
Sesi m'ju lëndon pa pushim!
O lotët e syve të mija!
O klithmëz e tingëllit t'im!

Ju shoqe të kohës mitare…
Mikesha… motriçka… pa faj!
Ju humbtë në mjegull për fare,
Dh' u solla ndër mënd e po qaj!

As flak' e shkëndijës q' u shua,
As syri që nxihet e plas,
Nuk lanë-o ju vasha për mua
Vuratat e errëta pas:

Hai! Flutur e zënë me duar
Një flutur secila prej jush
Më la në gishtrinj dyke shkuar
Pluhurin që ndrin posi prush…

Sot çela pëllëmbën e dorës
Q'u çiku gazmore dikur –
Si pah verbimtar i dëborës
Së-rish po më ndrin një pluhúr.

Përse nuk m'u shojte përherë,
Të hesht të pushoj për kurdo,
Ti mall që nër to pate lerë
Dh' u rite dh' u ndrite për to!

Ju shoh përtej mjegullës s'uaj
E shpirtin prej jush e kam plot
Pa s'mund si t'a them, si t'a
shuaj
Ah! Këngën e mbushur me lot.

Së koti-u larguat mënjanë,
Më vajttë më kot aqe larg,
Kur sumbullat lot që më ranë
Si ruázat i shkova në varg…

Dh' i ndrita me syrin e fshehur
Dh' i ndrita me zërin mitar…
Dh'i skuqa me buzën e ndezur
Me shpuzën e flogut si ar…

Oji! Trëndelin' e venitur
Ju fali gjith erën e saj…–
Pse rreth kaq me hov të
çuditur,
Haj! zemëra ime ti haj?…

Ju lule q'u leu parëvera,
Dh' u çika me gas një mëngjes!
Së largu prej jush më ra era,
E desha prej mallit të vdes!

Vogëlushja

Kur e kur, mes arratisë,
vjen më merr një mall i letë:
në shkon shoq' e miturisë
nëpër ëndërr... nëpër jetë...

Shkon si yll edhe sakaqe
ndodhemi gjith' më të bredhur...
Lëshon gropëza në faqe
leshëra cullufe dredhur....

- Leshërat e tu, moj çupë,
valle sumbullash e ruazash,
ndaj të derdheshin mbi sup
porsi vargje prej unazash.

Kur ndaj tufësh borzilogu
lulëzonte lul' e kuqe,
afër saj unë isha zogu
që çukërriste çdo burbuqe...

Kopsht, o kopsht i shejtëruar,
që kudo na pate pranë,
vetëm ti m'i ke dëgjuar
përkëdheljet që më s'janë!

Sot të shoh prej zemërate
me vështrimin më të qarë,
dhe s'kuptoj se si më vate
vogëlusheja m'e parë;

e si pastaj me breng të shuar,
vjen më merr një mall i letë:
më shkon këngë e perënduar
nëpër ëndërr... nëpër jetë...

82

Mall i largë

Nuk t'harroj askurr' e fare,
Nuk t'harrova kursesi,
O moj zemra djaloshare
Që kurdo më rreh në gji.

Vashë ti që tërë monë
Pate flakën në vështrim,
Koh' e largë-e mallit t'onë
M'u ndërmënd me ngashërim

Ja-e! kopsht' i shentëruar
Ku mbleron po n'atë vënd,
Ku përditë-e pati shkuar
Hov' i letë-i çapit t'ënd;

Ja! dhe shkollëza mitare
Q'u stolis për kremtërim —
Ajo pret vetëtimtare
Mun në mes të fshatit t'im;

Tuf' e krerëvet me famë
Ja! ku zjen si kurrëkush;
E ja ti! dhe unë ja-më!
Nëpër vgjer… e nëpër bush..

E po ja! fytyr' e mbretit,
Dora jote ku m'a dha:
Para syve të rremetit
Un' e vara përmi ta…

E më ngjau kur u përmendë,
Dhe më pe me sy vramus,
Sikur vara korën t'ënde
Që t'i falem e t'a lus

84

Ti moj shoqe

Kur për herëzën e parë
Vetë filli ti më poqe,
Zura mall që s'kish të ngjarë,
    Ti moj shoqe.

Zure-e sytë me dy duar
E së qeshuri m'u fike,
Dhe më mbete-e turpëruar,
    Ti moj mike.

Oh, q'ahere dit'-për-dita
Gjiri jonë u shkri në dashkë.
E n'agim sa çelej dita
    Ishim bashkë.

Si më dhemb, o! grim' e dehur,
Çast-i lum që zbrita katin!…
Sepse gjeta pa pandehur
    Vetë fatin.

Ti më ngjiteshe përpjetë
Me nxitim si nusk'-e-lalës,
E të mori turpi-i shkretë,
    Turpi ndalës…

E sakaq dëshir' e sulur
Gushë-e faqe t'i përflaku –
Unë mbeta krye-ulur,
    Varfanjaku!

E m'u duk si pate shkitur
Dh'u shastise nëpër shkallë,
Të të puth me zjarr të mitur
    Mun në ballë.

Syr' i fshehur

Malli jonë q'u pat shuar,
Malli-i bërë fije,
Sot më gjet të zemëruar,
Më pru lotë zije.

Un' u ngrita që-me-natë
Posi dashurija –
Pse m'u lag o! syr' i thatë
Në mjerim të tija?

Ësht' agim tashi moj mike,
Dhe ja! Se ku dolla
Nënën strehën venetike,
Ku po mbin vijolla;

Ku mu ndes si zjarr rrufeje
Dëshërim i parë

Dhemshurisht thërret pas teje
Zemërëz e vrarë

Të më vish dyke vrapuar
Ndaj të pres i mjerë,
Se të kam për të pushtuar
Për të fundit herë;

Se për herëzën e fundit
Më zu mall i mitur
Syr' i fshehur i katundit
Që më pat zhuritur.

Un' i ziu mbeta vetë
Dhe të shoh të vluar,
Më vërtitej mëndj' e shkretë
Posi shaqiluar.

Vesë dashurije

Sillet heshtur an' e mb'anë
Hij' e gjumit të pandalë –
Kú jan' ëndërat, kú janë,
Gjumë ti, të qofsha falë?

Kú 'sht' o! mik' e gjithë ditës,
Të m'a shohë shpirt' i sgjuar?
Zjarr' i syrit vetëtitës
Që më pati përvëluar?

Sonte mbeta mun në pisë
Nën' ushtimin e një buje:
Moj motriçk' e vogëlisë,
Nuk të shoh, po ti këtú-je…

Ti mendon mi supë t'ime
E mbështetur më një faqe;
Rëgëtin me dëshërime
Zemr' e mbushur me farmaqe;

Më flet tinës buz' e shkruar,
Fjal' e urt'e gojës s'ate,
Pshon për kohën e kaluar
Që më s'vjen që kur na vate;

Që kur lamë shokërinë
Sa zu zemra të buçasi –
Oh! sa shpesh më ven e vinë
Përkëdheljet e çdo çasi!

Pa mendohem me llaftarë
Sí të humba posi hije
Sa pikovi lot'i parë,
Posi vesë dashurije.
Shpirti im i dështëruar,

Si nus' e re

Shpirti im i dështëruar,
Shpirti im që m'u zhurit,
Nga mërgim' i zemëruar
Fluturoj posi petrit.

Iku larg e dyke qarë
Me një dhembje mun në gji,
Dhe qëndroj ku mall' i parë
Hesht e vdes në qetësi.

Hesht e vdes – po që-me-natë
Ja! tërhidhet malli im;
Ja! perndritet shpirt' i ngratë
Më një hov pa shëmbëllim:

Ja! së-rish më del ti vashë
Plot me turp si nus' e re,
Dirgjen syt' e tu gjumashë
Të venitur gjith përdhe;

Supëvet me përgëzime
Të bje floku fije-ar,
Ndritet fund' i zemrës s'ime
Posi yll shkrepëtimtar!

Dhe më flet me gas të qetë,
Dhe të flas me dhemshuri,
Më pushton me shpirt të letë,
Të pushtoj me llaftari.

E së-rish ah! me t'u ndarë,
Ri mënjanë-e qan vetiu,
Ri dhe qaj me shpirt të vrarë
I shastisur un' i ziu.

Vashë dhembshurie

M'u bë zemëra në besë
Vetem fije, fije,
Dashuri pa shëmbëllesë,
Vashë dhemshurije.

Sot me lotë varfanjaku
Më gjen parëvera,
Ndaj po di sado së paku.
Se më le përhera.

Sepse ja ku jam kapitur
E mendoj së largu
Atë çasin e zhuritur
Që m' j-u shua vargu...

Çasi-i fshehtë-i dhemshuruar,
Që m' u çduk qëmoti,
 Si më zjen në kraharuar
Prej një pike loti!

Dhe të shoh ndaj ze më thua
Fjalë zemërore,
Ndaj buçimin që m' j-u shtua
Dashuris' së gjore..

Dashurija udhëtare

Kur të qan e të gajas
Zemr' e përvëluar,
Bukurisë-i bje ti pas
Dh'e kërkon me duar…

Sipër ujrash ku rrëshqet
Ti vështron një vashë,
Janë zjarr e janë det
Syt' e saj gjumashë;

Janë zjarr e syt' e tu,
Janë det i shkretë:
Dashurija që të zu
Të rrëmbeu për jetë!

Po — atëhere-e merr një trim
Motrëzën pë dore,
Pa kalon si vetëtim
Vasha zemërore.

Mos vajto kaq bukuri
Q'humbi posi hije!
Ndaj po goja lëng-qershi,
Ndaj po gjiri llaftari
Ty të dha çdo shije

Je ulur fort

Kujtimi im që më s'më jep të qetë,
Kujtimi im q' u llaftaris pas teje,
Në qetësi ësht' iskër prej rrufeje,
Në ças llaftare zjarr e flakë vetë.

Çkëlqen si prush kur sketërrohen retë,
Kur mall' i dhembshur zë buçet ndaj meje.
Kuptimin t'im o! Ndjeje-aherë, ndjeje,
Se n'atë hof m'a ndrin ah! Zemr' e shkretë.

Kaq mot-më-mot shkëndijat m'j-u shpërndanë
Gjith përmi kulm të bimës më së gjatë…
M'j-u përëluan gjith me tjetër anë…-

Je ulur fort, po syt' e mi të panë:
Plot me stoli kjo lul' e zemrës s'ate!
Si kopsht i mbushur plot me jargavanë

Oh, vanë fletët...

O vanë fletët e në zi-ra
Si mot-për-mot vjeshtori pyll.
Me zinë-e kohës çel dëshira,
Dëshira çelur – gazi mbyll.

Përtej nga-i jetave sinuar!
Dhe larg përjetë-helmori gas!
Po jo: ah, malli q'u pat shuar
Lind e rilind m'i ndritur pas.

Prej të brengosurave dete
Kam huar dhembje-e zemërim
Që të buças në krismë jete
Prej buçim-heshturit durim;

T'a shoh me sy prej vetëtime
Sy-vështrim-derdhurën-përdhe,
T'i flas magjinë-e fjalës s'ime
Ndaj shkon me turp si nuse-e re.

O vanë fletët e në zi-ra

Ç'dëgjoj me sy të trembur

Ç'dëgjoj me sy të trembur fytyra që m'u prish?
Një këng' e llaftaruar po vjen prej lartësish! –
Ah! zëri yt që zbriti prej botës së pa ane,
Po heth posi me ruáza në qelq të një kambane.

Këndimi yt, o vashë, tashi pikoj përdhe.
T'a ndjej si dhembshurohet më një magji të re.
E t'j-a kuptoj dëshirën ndaj po valon në mua,
Ndaj po më gjen, ah! zemra dhe malli që m'u shtua.

Tashi të ra këndimi, po fare nuk t'u vdar.
Un' e dëgjova tinës e mbeta mendimtar.
Më foli goja jote me ngashërim të letë
Që shpirt' i përvëluar m'u drodh posi një fletë.

Tashi po humb sëfshehta ushtim' e zërit t'ënd.
Tashi t'u shua fare dhe më s'më vjen ndërmënd.
Haj! mendja ime-e ndjellë prej zërit që të vate
U bë nga-dale këngë… dh'u shojt pas këngës s'ate.

Ti po vjen që prej së largu

Ti po vjen që prej së largu magjiplote-e dal-nga-dal.
Ti po vjen që prej së largu dyke shkitur mi lëndina.
Nënë thembërzat e tua përgëzohet trëndelina,
Shtrihet luleja mitare e zëmbakut që t'u fal.

E si shkon me hap të matur më pushton një dhemshuri:
Do të tretem të kullohem në kalim të këmbës s'ate,
T'i pushtoj i llaftaruar ato hapëza mëkate
Ndaj kalon mi tufë lulesh madhërisht si yll i ri.

Dhe të qaj me mall të rëndë poshtë teje pa pushim,
Poshtë fillit të poleskës ku do shkeli këmba jote.
Të të shtroj nga dhembja ime një çudi prej pikash lote,
Një pluhurë të përvajshme vetëm dhembj' e dëshërim.

Të ma shkelish hije-lehtë! Të ma shkelish mes-për-mes!
Të të shoh si më lëkundesh me sy fjetur e fatuar
Brenda lotëve të mija të të shoh të pasqyruar,
E pastaj le të venitem, le të hesht, e le të vdes.

Dora jote ledhatarja

Dora jote ledhataja, ësht' e zbetë si qiri.
Dora jote ledhatarja lëshon dritën e dëborës.
Kur t'a ndjeu magjinë-e pastër që të shtrydheshe prej dorës,
Shpirti im i frymëzuar regëtiu në llaftari.

Se me lëndë magjistare u pat bre tul' i saj;
Tul'i saj u pat gatuar me vaj erë-e brumë dylli;
I dha hëna pak të ndezur, pluhur t'artë-i fali ylli,
E k ështu m'u duk hirplotë- haj! o dor'e vashës, haj!

Në vështrim të dorës s'ate ç'pat, o! balli që m'u vdar?
Ç'pat qepall' e përlotur q'i ra pika tatëpjetë?-
Dor'e bryllt' e vashës s'ime, dor'e paqme, dor' e zbetë,
Vetëtiu me prush magjije e më bëri mendimtar.

Dora jote që më dhimbset, dora jote që më çik
Dora jote që më shtrihet sipër temblave gjumashe
Dora jote: zemra jote që t'u nda më pesë fashe…
Dh'u bë dorë të më ndali ndaj dyshoj se mos ik…

Porsi burbuq' e trëndafilit

Posi burbuq' e trëndafilit që çelte-e fshehur afër nesh,
Të çeli buza miturishte e më një ças t'u nënëqesh;
Ahere hargu i hepuar t'a ndau përmes më dy thelpinj…
E t'a shijoj me ëmbëlsirë vështrimi im që më s'm'u nginj.

Tashi burbuq e buzës s'ate i riti gjëndërat së rish.…
Ajo zu lëng prej lylyshtrydhjesh dh'u skuq me zjarr prej kulumbrish,
Ajo u ndes e mori valë, ajo u doq, ajo u poq,
E po më fal e dëshëruar një mall të fellë-edhe pa shoq.

Fillon më dhemb ah dashurija, e ndjej një brengë-e çqetësim,
Më përvëlon buz' e zhuritur drejt mun në fund të gjirit t'im,
Pa dhembshurisht e dyke vuar prej shpirtit t'ënd kur e thëthi,
Si llaftarinë-e puthjes s'ate kuptoj në shpirt një llaftari.

Ëndërr zilitare

Që larg e me trishtim nër syt e mi
Kur pyjeve të pata shëmbëllyer:
O s'ësht' ajo! O s'është kursesi!
Bërtita që prej zemērës së thyer
Kur pyjeve të pata shëmbëllyer
 Më kishte rob e tmerrëshmja zili.

Ahere syri yt ish malli - i em ,
Ahere kuvëndonja - i llaftaruar .
Haj! ëndër ti ... po si? po kujt t'ja them
Një zë po më flet në kraharuar?
Ahere kuvendonja - i llaftaruar
E m'ish mendimi - e zemra m'ish ujem.

Po sa pa dalë - agimi për mi mal,
Prej gjumit pa m ' u çdukur ëndërritja,
Luftimi - i zemrës tinëza m'u ndal :
Pra ligjëratën vashëzës ti pritja!
Prej gjumit pa t'u çdukur ëndërritja,
Trimush! Se ja! Po flet me-dal-nga-dal:

Në gji më ke ... në gjirin t'ënd, o trim ...
E kur mëngjezi zu të buzëqeshë,
Më sgjove, motër, me një pipëlim ...
Po dil! prej gjirit t'im, o pëllumbeshë
Se ja! Mëngjezi zu të buzëqeshë:
Do vemi nëpër pyj me ushëtim ...

Dëshirave

Dëshirave, dëshirave, mikeshë
Dëshirave të shuara qëkuri,
Një fat që m'i pat nxirë – e m'i përzuri
Sot ardhi përsëri t'ju buzëqeshë.

Dëshirave që linin këtë ditë,
Filloj t'ju neveritet lumtëria,
Mendojnë duket heshtur ment' e mia.
E s'gjejnë kurrkund një rreze dritë.

Dëshirave që kanë për t'u sgjuar
Se ç'helm zemërimplotë do m'i lëndojë?
Se ç'hir mëshirëmadh do m'i gëzojë?
Mjerush e me vështrim të ngushëlluar

Shoh fletët ku qielli ra menjë
E pamja po më ngjan me një rrëfenjë

Kur në flakë

Kur në flakë të qiririt zë mendonem net-për-net
Dh'e ndjej shpirtin e kulluar nëpër dritën që më tret
Prej skëterrës se pa matë më del bot' e ëndërruar,
vetëm ti, o im-e dashur net-për-net më rri larguar

Po çdo ëndërr që më shfaqet prej skëterrës së pafund
çdo mendim i llaftaruar që më dhemb e më përtund,
Duke rënë prej së lartash posi pikë zemërate
T'i përshkohet për -së-thelli bukuris' së qenies sate.

T'i përshkohet mes-për-mesi dlirësis' së shpirit tënd,
Ta merr pamjen e fytyrës, bëhet shkronjëz e kuvend.
Ai del prej shkretëtire ment' e mi të m'i stolisë
E ka tingull llaftarie, ka verbimin e magjisë,

Ndrin i kthjellët e i pastër si pasqyrëz' e një kroj
Pa nëm fytyrën tënde ta vështroj… nuk ta vështroj

O! Fytyr' e vjershëruar që më mbush me dëshërime!
Q'i fal gaz përjetësie dashuris' së zemrës sime!
Që më bën kur ment' e mia regëtijnë varg e varg
Të të ndjej aq fare pranë, të më jesh aq shumë larg…

Lamtumirë

Më del e zë pshon me të fshetë
Një breng hije-rëndë mi sy;
Përbrenda në zemrën e shkretë
M'i shtje drejt-për-drejt që të dy

E loti prej syve të tua
Rrëngjethet valomë përdhe:
M'j-a ndjen vështrim-bukur-pallua
Ti zemrës greminën e re…

Po këngët që sot më nuk janë,
Stolisën me mall në mërgim.
Përmbytur mjerimesh pa anë,
Ndrin Yll'i të riturit t'im.

Më zu një mall

Më zu një mall dhe sot,
E s'mund t'a shuaj.
Ri vasha largë-o Zot,
Që kaq po vuaj.

Kalojnë kot më kot
Muaj me muaj.
S'vjen vasha sot as mot,
Pa heq e vuaj.

Nuk vjen, e më s'di dot
Ç't'i them t'i shkruaj!
Ah! mëndja po më lot
Që s'plas e vuaj!

Në vëndin t'im o Zot,
Jam vetë i huaj.
M'a sill ti vashën sot,
Që kaq po vuaj.

Vate prilli

Vate prill' i trimërisë,
Më zu maj i dashurisë.

M'u shti vashëza në gjumë,
E-ëmbla-mi-shoqe-shumë.

Do t'a mar t'a kem për fare
Moj lesh-verdhën-lozonjare.

Ah! lesh-verdhëza-si-ftua,
Gji-mburuara-si-krua,
Shtat-lëkundura-pallua
Ç'më ka përvëluar mua.

Kur m'u rrite vogëloshe

Kur m'u rrite vogëloshe
vogëlo si flutura
mes-hollë-këputura.

Të pashë më zbukuroshe
bukuro si flutura
mes-hollë-këputura

Vajte m'u fsheve në qoshe,
fshehuro si flutura
mes-hollë-këputura

Nga shoqet më trupëroshe,
shoqezo si flutura
mes-hollë-këputura

Ah! zemra ç'të përvëloshe
zemëro si flutura
mes-hollë-këputura.

Kush ta fali bukurinë

Kush ta fali bukurinë
Që të më trerosh të zinë!

Kur të pashë për të vluar,
Pëllumbeshë pendë-shkruar,
Bubu! Plumb në kraharuar,
Plumb që vret dyke gjëmuar!

Mbledhur shoqet me një qoshe,
Diç m'ju flisje, diç m'ju thoshe,
Gushë-e-llërë-e-gji-bardhoshe.

Pa me syçkëzat e tua,
Sy-larme! Ç'më fole mua.

Leshrave t'ju binte hija,
Yll i ndezur me shkëndija,
Ndezur mun në mes në ballë,
Të më vesh në dhe të gjallë.

Del në porta

Del në porta nga mulliri
Vashë-leshëra-floriri.

Dëgjo bota se ç'po thonë,
Vasha po na prish zakonë.

Bota thotë-ato që thotë,
Gojë-madhe-e-fjalë-kotë.

Do të dal përgjithëmonë,
Ta prish t'a shkretoj zakone,

Atë trim të turpëruar
Ta mbaj udhës më të shkuar

Ta mbyll në shtëpi për fare,
T'i ri pranë si manare.

Kush po shkon ashtu

Kush po shkon ashtu me bujë?
Kush po vjen ashtu për ujë?
Po shkon trimi si dragua,
Po vjen vasha për në krua.

Në mëngjes në mugëtirë
Ngrihet vasha që pa gdhirë.
Ngrihet trimi-i dështëruar
Në mëngjes pa svagëlluar.

Pse mëngon ti trim i ngratë?
Ç'del ti vashë që-me-natë?
Trimin më s'e mban durimi…
Vashën më s'e mban mejtimi…

Papo fryn mëngjez' i parë:
Vashë-e trim më s'janë parë;
Fryn mesditëza me vapë:
Vashë-e trim s'këthehen prapë;

Pa fryn er' e perëndimit:
Vasha fle në gji të trimit.

Përjetësija

I

Jam sot,
Si vjet,
Si mot,
Si përgjithënjë.

Në trupin jam,
Në zemr' e shpirtin t'ënd.

Kur jam në trupin t'ënd,
Jam domosdo
Dhe jashtë trupit t'ënd prej vetvetiu:

Në pemën jam, që shije ty të jep,
Në fluturën, që krahat ti j-a çik,
Në lulen jam, që erën ti j-a merr.

Që brënda trupit desha t'a bashkoj
Dhe veten t'ime-atje përjashta ti:

Dhe hapa shteg-bashkimi nëpër trup:
Atë të gojës, plot margaritar,
Atë të dorës, ndritur si zëmbak,
Atë të hundës, drejt posi qiri.

Pra ti shijon një pemë- ëmbëlsi,
Ti çik me dorë fluturën-stoli,
Ti merr me gas një erë-fshehtësi:

Nër shteg-bashkimi, që ti s'di sesí,
Bashkohesh brënda me përjashtësi,

110

Bashkohesh jashta me përbrëndësi,
Bashkohesh fellë me përjetësi.

II

Jam sot si vjet,
Jam mot si përgjithnjë.

Në trup,
Në zemër jam,
Në shpirtin t'ënd.

Kur jam në zemër t'ënde,
Jam vetiu
Dhe jashtë zemrës s'ate domosdo:

Nër pyje jam që syri t'i vështron,
Nër këngë jam, që veshi t'i dëgjon.

Që brënda zemrës desha t'a bashkoj
Dhe veten t'ime-atje përjashta saj:

Dhe hapa shteg-bashkimi nëpër të:
Atë të syrit, plot me shkrepëtim,
Atë të veshit, plot me tingëllim.

Pra ti shëkon një pamje-bukuri,
Pra t'i dëgjon një këngë-llaftari,
Pra zemra ndjen një ndjenjë-fshehtësi.

Nër shteg-bashkimi, që ti s'di sesí,
Bashkohesh brënda me përjashtësi,
Bashkohesh jashta me përbrëndësi,
Bashkohesh, tretesh me përjetësi.

III

Jam sot,
Jam vjet,
Jam mot,
Jam përgjithnjë.

Në trup,
Në zemër,
Jam në shpirtin t'ënd.

Kur jam në shpirtin t'ënd
Jam domosdo
Dhe jashtë shpirtit t'ënd prej vetvetiu:

Në mal, që mëndjen ty t'a çqetëson,
Në hon, që mëndjen ty t'a turbullon,
Në det, që mëndjen ty t'a llaftaron,
Në qjell, që mëndjen ty t'a qjellëson,
Në djellë, mëndjen që t'a djellëson,
Në botë, mëndjen që t'a botëson.

Që brënda shpirtit desha t'a bashkoj
Dhe veten t'ime-atje përjashta ti:

Dhe hapa shteg-bashkimi nëpër shpirt:
Shteg të mendimit, plot me dlirtësi,
Ah! të mendimit plot me errësi…

Pra ti kupton ah! ti s'kupton tashi,
Një mal-e-hon-e-det-ah! llaftari,
Një qjell-e-djellë-e-botë-ah! fshehtësi.

Nër shteg-bashkimi, që ti s'di sesí,
Bashkohesh brënda me përjashtësi,

Bashkohesh jashta me përbrëndësi,
Bashkohesh-ritesh-me-përjetësi?

Zemra e shokut

Të kam shok nga koh' e vjetër
shok prej zemre edhe prej gjaku
shok të ri eme besë plaku
nuku kam, nuku ke tjetër.

Se çdogas e mall të shkretë
m'i ke thënë emër me emër
unë i mbylla mun në zemër
gjer sa zemra të mos jetë.

Se ti mban në kraharuar
shentërinë e një dhurate
mban në fund të zemrës sate
ç'të kam thënë i llaftaruar.

Ish e bardhë e nuku ishte
dredhëri zemra bujare
bënte botën zilitare
zemër e bukur shokërishte.

Përqafimi

Jetë e vdekje përqafuar,
Nuku di se ku po vete:
Shkon e ndal e rri menduar
në kalove edhe në mbete.

Në ke lerë a perëduar,
Gjith dyshimi jetë pas jete!
Jetë e vdekje përqafuar,
Nuku di se ku po vete.

Kështu rrjedh dyke kënduar
Ëndr' e zemërës së shkretë.
Rrjedh si varg i pambaruar,
Varg i thurrur vdekje e jetë,
Jetë e vdekje përqafuar.

Vrapojnë zemërat

Me sulm të ri, me shpirtin plot
Ti bën një vrap për t'udhëtuar.
Bën dhe një si vjet dhe sot,
Dhe një dhe mot e pa pushuar.

Dhe nuk u pyet për ngaj po shkon,
Që ngaj po vjen ngaj të fryn era.
Vec udhëton vec përparon,
Si vjet e sot e mot përhera.

Dhe ik...e ik...e ik...e ik...
E ja! Këputet zemr' e shkretë.
E ja! Përshembet vrap i lik
E bje përmbys përgjithëjetë.

E pa t'u tharë pika lot,
Vrapojnë zemërat e tjera,
Me sulm te ri, me shpirtin plot,
Si vjet e sot e mot përhera.

Prej çdo gazi e hidhërimi

Prej çdo gazi-e hidhërimi
Mbetet pas vetëm kujtimi.

Ah, dh'i shkreti-mallëngjimi.

Kush ma njohu dhembshurinë

…Po në qaj e ziej me vete
s'dëshpërohem kursesi,
Ndaj i ndiej së mjerës jetë
vetëm mall e dhemshuri!

Veç durim e mall të nxirë
më pat dhën ah! gjiri i saj
Pa më mbush me shkretëtirë
Haj! o fund i jetës, haj!

Qoftë e ëmbël si një çupë
qoftë e mbushur plot me gjak
Do t'a pi të shkretën kupë
siç e piu Sokrati plak.

E në dhembjet venë e vinë
jam gati të vuaj më
Kush ma njohu dhembshurinë
s'pati njohur kurrgjë!

POEZI TË TJERA

Dimër

Shpirti im që sot u mbyll
Dhe gëzimin m'a përzuri.
Nëpër mal e nëpër pyll
Zu dëbora prej qëkuri.

Bjenë flokët një-nga-një
Mi katundin e shkretuar.
Dyke mardhur nënë të
Dheri fjet e ri mbuluar

Flet nga-dal e shpirti im,
Dhe në zi pikoj si fleta,
Pa me qit as pipëlim
Tërë fili, tërë jeta.

Në kaq heshtje-e qetësi
Ndjej vajtimthin e një shpesi:
Psherëtin me zë te ti
Jet' e trembur se mos vdesi…

Mitrush Kutelit

…Pa m'i prit edhe Mitrush Kutelit

…Pa m'i prit edhe këtonë,
Iskëra të zemrës s'onë.

Prit-m'i shok n'ato mërgime
Fjalëzat me regëtime,
Nga buçim'i zemrës s'ime.
Zemra ime buçim-shkretë
Zjen e bren e s'gjen të qetë,
Plaset e përplaset vetë,
Vdes përkohë-e lind përjetë.

Ti buzëndritur në stoli

Nër ato male shtat-mëdhaja,
Nër ata pyje me fshehtësi,
N'ato mburima lozonjare,
N'ata shkëmbenj plot llaftari;

Ku fryn një erë pastërtije,
E vetëtin një bukuri,
E ritet malli posi deti,
E ndizet zemëra në gji;

Ku nuku duket asnjeri,
Ku vemi shpesh veç un'e ti
Ku djeg si zjarr, moj dashuri!
Ku ndrin si yll, moj perëndi

Durimi

Tashi me gas, tashi me lot,
Tashi dhe nj'herë,
Duro durimin si për-mot
E si përher.

Mendo mendimin zemërak,
Ndaj vjen të sjellë
Sa leu e zjeu e shfreu me gjak
Në zemër fellë;

Sa pati shkrirë aq ëmbëlsi
Dyke kënduar,
E vaj e zi e shkrumb e hi
Të pambaruar;

Dyke përflakur plot me gas,
Plot afsh të ndritur,
Një mall të math që më vjen pas,
Kujtim-zhuritur;

Vjen ku përplaset përmi dhé,
Nër ulërimë,
e greminuar si rrufe,
Kjo jeta ime;

Ku mban shtrëgatën me sa mund,
Dhe kësaj radhe,
E hapur krejt, gjer mu në fund,
Ah plag'e madhe;

Fund e gjehenë e ang i zi,
Jetë pas jete,
Yll-dashuri! Hon-lemeri
Që mbaj me vete!

Edhe mendoj mendim me lot,
Me përvëlime,
Duroj durim të mbushur plot
Me zemrën t'ime.

Kujtimi

Edhe në mungove,
Edhe në ndryshove,
Edhe në dredhove,
Në më gjarpërove:

Kujt j-a dhè mungimin?
Kujt ja dhè ndryshimin?
Kujt j-a dhe dredhimin?
Kuja gjarpërimin?

Mungime-e ndryshime,
Mungime-e dredhime,
Dh'ato gjarpërime-
Hon për zemrën t'ime.

Zemr' e mall i parë
Zemërëz e vrarë

Kujton dyke qarë,
Pushton me llaftarë
Lulen e pavdarë,
Trupin e pangarë.

Pa ri pshoj qetuar
Dyke ëndëruar
Ndaj po puth nër duar-
Si ndaj koh' e shkuar-

Fort i dëshëruar,
Fort i dhëmshëruar,
Fort i lumtëruar,
Ballin dritë-qëruar
Syrin qjell-kulluar,
Gjirin-vajzëruar,
Trupin-qumështuar.

Dëgjimi i zemrës

Kur të më kujtosh,
Kur të vish të shkosh,
Kur të shkosh këtejza pranë
Që të çmallërosh

Ç'po dëgjon kur shkon?
Kur vjen e përgjon?
Ç'përgjon zemra në kët'anë
Fund në këtë hon?

Zemra jote sot,
Zemra jote mot,
sot e mot në ç'mallërime
Zemra që s'fle dot

Seç të ndjen këtaj
Seç të ndjen pastaj
Seç dëgjon ndaj vetes s'ime
(Si ndaj vet'e saj):

Mall e vrer që mbaj
Qaj, moj zemër, qaj.
Vrer e mall që flas
Plas, moj zemër, plas.

Zemërimi jonë

Si të t'a them të shkretën vojtje që ndjej në zemër ças-përças,
Atë durim të padurura të zemërimeve pa gas.
Tashi zë çel një vrer në buzë, tashi zë ndrin një vaj në sy,
Edhe të dhemb më keq se mua, edhe më dhemb më keq se ty.

Kjo këng' e fellë e heshtjes s'ate, vështrim'i derdhur gjithë përdhe,
Stolitë e hireve të tua ndaj shkon me turp si nuse e re,
Dhe kaqë mijë dashurira, kaq dhëmbshuri që s'thuhet dot,
M'a mbushin plot të mjerën zemër, vetëm me gas, vetëm me lot.

E pata pyetur vetëveten, me t'j-u përgjigjur vetvetiu-
Pse kaqë zi ti motra ime, pse kaqë vrerë unë i ziu:
Nuk paske qënë vrer e zi, po qënke vetëm dashuri,
Qënke një dritë fshehtësije plot bukuri! Plot bukuri!

Dhe më pëlqen ah zemërimi ndaj vjen e shkon e qesh e qaj'
Ndaj ri mendohem duke pyetur: A mos ke faj? A mos kam faj?
Dhe ja! M'a fal çfardo mërije! Dhe ja! T'a fal çfardo mëri!
Dhe më mbush prapë plot me dritë, plot me të ëmblën dashuri.

Zemra

Bëj e ri mendohem,
Të mos t'afërohem,
Bën e ri mendohesh
Të mos m'afërohesh.

Dhe ri bëj e bëjnë
Mos të shkoj andejnë,
Dhe ri e bën bejnë
Mos të shkosh këtejnë.

Ha! tek bëj kështuzë,
Hop! të shoh këtuzë!
Ha! tek bën ashtuzë,
Hop! buzë-për-buzë.

Pa më puth një herë,
Pa të puth dy herë,
Pa më puth tri herë,
Të puth tridhjet herë,

Uf! moj zemrë-e mjerë…

Zemër-lule-e-verë,
Gas-e-vrer-përherë,
Zemër-kopsht-me-erë,
Zemëra-skëtere.

E mora shoqezën përkrah

E mora shoqezën përkrah,
E matmë rrugën ca-nga-ca,
Sikur na ndillte larg diçka.

Pa zuri dita perëndoj,
Pa zuri nata na mbuloj,
Pa zura shoqen ta pushtoj.

Perse buçet, liqer i qet!
Liqer, ti ç'thua ndaj buçet!
Çfar' pe, liqer, mi zall te shkret?

E çasin kur e sjell nër mend,
Kur sjell nër mend, ah! atë vend,
As rroj as vdes, po jam pa mend

Gjarpërushja

Haj të mirremi për dore,
Nep-ma zemrën që ma more,
Gjarpërushe pikëlore

M'u vrapo q'andej matanë,
më qëndro në zemër pranë,
M'i vështro sa lot më lanë.

Të fjalosemi ngadalë,
të pushtohemi pa fjalë,
Plot me afsh e duf të valë.

Me atë vetull-vetulluar,
Me atë shtatin-gjarpëruar,
Me ato kraha-fluturuar

Vetullo, moj vetullushe!
Gjarpëro, moj gjarpërushe!
Fluturo, moj fluturushe!

Gremina

Ti sot as qesh as qan,
Ri larg e qetë.
Në shpirtin t'ënd ti mban
Një faj për jetë.

Një dashuri me gas,
Siç fryri era,
E zure shpejt në ças,
E le përhera.

U ngrove-ashtu sa mund,
As shumë-as pakë,
S'të ndriu përdrejt në fund
E bardha flakë.

Ku vemi shpesh

Në zemër t'ënde vetëm unë,
Në zemër t'ime vetëm ti,
dhe jashtë bota fjalëtare,
Dhe jashtë syri plot zili.

Dh'ashtu filluam përngahera
Një vetësi plot ëmbëlsi,
Të mos na shohë syr'i botës,
Mos na zemrosh, moj njerëzi.

Dhe ikm' e ikmë gjith-më largë,
Dyke kërkuar pak liri,
Që me t'u ndezur flak'e ditës,
Gjer më të mugëtit të zi;

Gjer në mesnatë-e pasmesnate,
Oh! E pangopur e arrati!
Un' hijerënd' e mvrerësuar.

Lodra e dashurisë

Kërkova
Lumturinë,
Gjer më sot,
Gjith më të kot.

Shijova
çupërinë,
Një mot.
Me shpirtin plot.

Kullova
Djalërinë
Me lot,
Që s'thahen dot.

Kuptova
Dashurinë
Që lot –
Kur shemb! O Zot!

Maja e çelur

Lulet lulëzuan
me të parë djellë
kushedi ç'duruan
që kur janë mbjellë:

që kur u përzien
me rër' e me ujë,
dhe u lagn' e u lyen
pa bujë e rrëmujë.

Pa zë psherëtimi,
zë e vaj të kotë,
i ngurroj thellimi
nënë dhen' e ftohtë.

Edhe balt' e ndotur,
edhe llum' i ndyrë
i patnë përlotur
me ngjyrë e mënxyrë.

Ato piperonin
me një sulm i qetë
dhe mbinin e shkonin
që përposh përpjetë.

Që ngaj errësira
brenda në dhé thellë

ndillnin krejt të lira
dritën edhe qelltë.

Sa me rënd' i mbante
rrënj' e balt' e nxirë
dh' i tërhiqte e s'i ndante
për në fundësirë,

dhe sa m'i padukur
edhe sa m'i zjarrtë
ishte sulm' i bukur
për në qiejt' e lartë,

aq më lirë e fshehur,
dh' aq më me ngadalë
rritnin pa pandehur
sulmin e pandalë:

Dhe ja, ndizet era
mbi barishte e bimë!
Ja! qesh pranëvera
nëpër ngashërime!

Ja! Sa lul' e qetë
çeli gjinë e sajë,
përmbi degë e fletë
atje lart në majë!

Kamadeva

Mendoj e shkoj nga pak
si gjithmonë,
me shpirtin zemërak
në rrugën tonë

Atje ku ma ringjall
aq letë e qetë,
në gjirin tim një mall
të mjerën jetë

Ku silleshin të dy,
me të baritur,
me dëshirim në sy
me shpirt të ndritur

Ku regëtin dhe sot
me ato kujtime,

buçimi gjëmë-plot
i zemrës sime.

Bucimi durimtar,
që pat kaluar,
me zjen plot mall e zjarr
në kraharuar

O mall! O dashuri!
o yll, o djellë
sesi më djeg në gji
në zemër fellë!

Sesi më ndjell që larg,
më ndrit përfare,
me dritat varg e varg
vetëtimtare!

Pamja

Sot u pamë-e sot u ndamë
Dhe nuk thamë njëzë fjalë;
Kur u ndamë vamë-e qamë,
Qamë shpejt ca lot me valë.

Edhe shpejt kur me të dalë,
Vamë-u pamë-e shumë thamë,
Thamë fjalë, fjalë, fjalë,
Pastaj kurrë më s'u ndamë.

Nuk u ndamë-e vetë thamë:
Ç'këto fjalë? Ç'këto lotë?
Ç'ky vajtim q'u vramë-e ramë
Shkrumb e pluhur nënë botë?

Ah kur ramë, kur u dhembmë,
Ndritej dhembja dritë-e artë…
Kur u dhembmë, kur u shembmë,
Shkrepej yll në qjell të lartë…

Yll e dritë bukurija,
Qjell i lartë perëndija,
Ç'vjen e shkon e vjen si hija,
Plas e s'plas kjo dashurija.

Prandaj / përse të dua

Se të desha vetë,
Dhe t'u nqasa vetë,
Dhe të putha vetë-
Prandaj.

Dhe të humba largë,
Dhe të ndoqa largë,
Dhe të gjeta largë-
Prandaj.

Se të desha prapë,
Dhe t'u nqasa prapë,
Dhe të putha prapë-
Prandaj.

Dhe të humba vashë,
Dhe të ndoqa vashë,
Dhe s'të gjeta vashë-
Prandaj.

Se të gjeta grua,
Dhe të desha grua,
Dhe të putha grua-
Prnadaj.

Dhe s'më flet përhera,
Dhe s'më nqas përhera
Dhe më plas përhera
Prandaj.

O, prandaj të dua,
Prandaj vashë-e grua,
Fshehtësi për mua-
Prandaj.

Historia e Lasgushit

Lasgush Poradeci lindi më **27 dhjetor 1899** në Pogradec, në një familje me tradita atdhetare. Në moshën 10-vjeçare e dërguan për të vazhduar studimet në Manastir dhe më vonë në Athinë, ku mbaroi liceun.

Më **1921** ai shkoi në Rumani, për të ndjekur studimet e larta. Duke qenë pa bursë dhe pa asnjë ndihmë, ai u detyrua të punonte dhe njëkohësisht të studionte. Në Bukuresht ai u lidh me lëvizjen atdhetare të kolonisë shqiptare, u miqësua me Asdrenin e atdhetarë të tjerë shqiptarë dhe u zgjodh edhe sekretar i përgjithshëm i Kolonisë.

Në verën e vitit **1924** Qeveria e Fan Nolit i dha bursë dhe kështu arriti t'i përfundojë studimet e larta në Grac (Austri) në Fakultetin e Filologjisë Romano-Gjermane.Në dallim nga poetët e Rilindjes, që megjithë origjinalitetin e tyre kishin tipare të përbashkëta, poetët e shquar të periudhës së Pavarësisë Noli, Fishta, Poradeci, Migjeni, janë krejtësisht të ndryshëm nga njëri-tjetri si nga formimi, nga prirja e tyre, ashtu edhe nga interesat e synimet.

Lasgush Poradeci e jetoi Rilindjen ne periudhën e shpërthimit të kryengritjeve të mëdha për liri. Në veprën e këtij romantiku të fundit të letërsisë sonë jetoi shqetësimi atdhetar i mbrojtjes së kombit dhe të traditës së Rilindjes, ashtu sikurse edhe dëshira për triumfin e pikëpamjeve demokratike, shqetësimi për një emancipim të përgjithshëm kulturor e shpirtëror të shoqërisë shqiptare.

Ai është nga lirikët tanë më të mëdhenj, i cili u shqua për sensibilitetin dhe ëmbëlsinë poetike me të cilën i këndoi Shqipërisë dhe dashurisë.

Në vitin **1933**, u botua vëllimi i tij i parë "Vallja e yjeve", dhe më **1937**, u botua vëllimi i dytë "Ylli i zemrës". Pas Luftës së Dytë Botërore Lasgush Poradeci e vazhdoi veprimtarinë krijuese, por u mor edhe me përkthime. Ai shkroi, veç të tjerash, poemat "Eskursioni teologjik i Sokratit", "Mbi ta", "Kamadeva", baladat për Muharrem e Reshit Çollakun. Gjithashtu, përktheu disa nga kryeveprat e letërsisë botërore si "Eugjen Onjegin" të Pushkinit, lirikat e Lermontovit, të Bllokut, Poemat e Hajnes, të Majakovskit e Miçkieviçit, lirikat e Gëtes dhe

Hajnes, poezi të Lanaut, Brehtit; Hygoit, Mysesë, Bajronit; Shellit, Bërnsit, të Emineskut etj.

Më **12 nëntor të vitit 1987**, Lasgush Poradeci, vdiq, duke lënë pas një krijimtari të bukur, e cila kishte fituar zemran e lexuesit dhe kishte tërhequr vëmendjen e disa studiuesve të shquar të kulturë sonë si Eqerem Çabej, Skënder Luarasi, Mitrush Kuteli, Sabri Hamiti, Ismail Kadare, Rexhep Ismajli etj. Si një personalitet i shquar dhe poet i vërtetë ai nuk ua nënshtroi kurrë artin e tij kërkesave dhe synimeve të diktaturës. Për këtë arsye ai u la në një gjendje ekonomike të rëndë dhe pothuaj në harresë nga shtypi zyrtar. Vetëm në vitin 1989 mundi të botohet vepra e tij e plotë..

Lasgush Poradeci me kolegët e tij Asdreni, Ernest Koliqi dhe Gjergj Fishta.

Lasgush Poradeci, Gjergj Fishta, Asdreni, Ernest Koliqi. Nga ditët festive të zhvillueme, më shkurt 1938 me rastin e ardhjes në Shqipní të poetit Asdreni

Lasgush Poradeci

Lasgush Poradeci
Vallja e yjeve & Ylli i zemrës
Botim i I
6' x 9' – 156f